오늘
행복한가요?

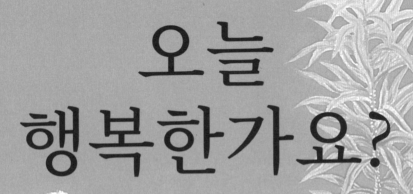

오늘
행복한가요?

글 성기봉

곰단지

삶의 여행

　이 세상에 태어나 살면서 누구나 많은 우여곡절을 겪으면서 살 것입니다. 저 또한 한 인생을 살면서 하도 많은 우여곡절 속에서 경험하고 또 실천하면서 살다 보니, 이제는 여생을 행복하게 살아갈 방법을 생각하게 되었습니다.

　하여, 시간 나는 대로 메모하고, 다음 카페 "염화실"에 올린 글을 묶어 이 책으로 내게 되었습니다. 이 책을 읽는 분들과 함께 편안하고 행복하게 사는 삶을 이야기해보고 싶습니다. 미력하고 무식하나마 생각대로 옮겨본 것이니, 한 번쯤 읽어보시다가 한 자락이라도 삶에 보탬이 되었으면 하는 바람입니다.

2023년 2월
성기봉

차례

책을 내면서 삶의 여행　　5

제1부 사람

하루에 10분이라도	13	세상만사	42
가을 들녘	14	금강산은 말한다	43
메아리	15	언제나 나는 혼자가 아니다	44
나와 낙엽	16	송구영신(送舊迎新)	45
눈	18	오늘의 의미	46
땅(土)	20	'도' 여여심	47
바다낚시	22	산 정상에서	48
바둑 한판	23	흐르는 저 구름	50
바위섬	24	사람의 마음	51
백사장	25	시간이 목숨이다	52
비 오는 날	26	어느 곳에 얽매지 말라	53
봄	28	오늘도 물은 흐르고	54
삶의 여행	29	무엇을 남길까?	55
오늘도 무사히	30	마음은 본래무심(本來無心)	56
선상낚시	31	나란	57
섬	32	낙수(落水)	58
쏜 살	33	깨달음을 찾는 이	59
아침이슬	34	길동무 1	60
앉으나 서나	35	벽시계	62
연꽃 되어	36	보름놀이	63
조약돌	37	이곳이 극락	64
촛불과 어머니	38	누구나	65
추우면 추운 대로	39	안다는 지혜	66
한낮 꿈이로다	40	돈오(頓悟)란	67
욕하면 누가 먹나요	41	동산(東山)	68

땀	69	길동무 2	94
마음으로 보는 것	70	항아리	95
만들어진 영혼	71	평상심	96
모처럼 오늘	72	행복과 극락은	97
만추	73	행복하세요	98
무식쟁이	74	추석(秋夕)	99
매화꽃	75	휴지(休紙)	100
네 것 내 것 따로 있나!	76	나의 바람	102
무엇을 깨우치나	77	눈(雪)	104
무지개다리 건너	78	제주도의 봄	105
바다	79	저기에	106
바람	80	자동차 승객은	108
비울 것도 없는데	81	신(神)이 필요한가?	109
시간(時間)과 공간(空間)	82	불이(不二)	110
삶도 죽음도	83	달	111
어제는 이미 지났다	84	앞산	112
넋두리	85	밤안개	113
외연열도	86	삶의 여행	114
저녁노을	87	행복한가요?	115
살아감이란	88	사는 대로	116
이러한 깨우침	89	평상심이 도입니다	117
인생 여행	90	나를 찾아 3,000리	118
집착하지 말라	91	사람 살류~	119
계란(鷄卵)	92		
코끼리의 죽음	93		

제2부 마음

절이 따로 있나요 123
연꽃 그리고 부처님 124
나도 없고 125
무상계 126
여기 127
삶이란 죽음이다 128
혼자 걸어가라 129
준비(準備) 130
일기일회(一期一會) 131
생명(生命) 132
지구의 종말은 오는가? 133
삶의 끝 134
무문관(無門關) 135
버릴 것이 없도록 136
가장 중요한 것 137
지금 우리는 138
돌부처가 아기를 낳는다 139
기다림 그리고 점 140
나와 네가 다르지 않은 것 141
불도(佛道) 142
배움은 끝이 없다 143
꼭 한 번쯤 144
등정각(等正覺) 145
정말 없다 146
오매일여 몽중일여 147

극락도 천당도 148
두려운 것 없는 삶 149
사람답게 150
버리고 비울 것이 없다 151
무자화두(無字話頭) 152
달마대사와 나 153
확실히 깨달았다 해도 154
죽으면 그만인 것을 155
불자의 도리 156
잠시 불경을 덮어라 157
변하는 마음 158
영혼이 실제 존재하는가? 159
지옥과 무간지옥 160
성불 하옵소서 161
자만에 빠지면 162
깨우쳐서 뭐 할 것인데 163
모든 사람아 속지 말라 164
다를 것 없다 165
암흑세계 166
애착(愛着)과 집착(執着) 167
불꽃 168
중도(中道) 169
내세(來世) 170
지금 이곳이 171
물고기 잡는 그물 172

허공에 그림 173

영혼과 사후의 세계 174

나라는 것은 없는 것 176

마음수련 177

올바른 정신(精神)이란 178

사람의 말과 행동 180

우리 사람은 182

돈오(頓悟) 183

걸릴 것 없는 삶 184

일체유심조 185

마음으로 세상 둘러보기 186

수처작주 입처개진 188

살아가는 근본 189

거울 속에 비친 상이란 190

부처님이 무어라 해도 191

행복 192

꿈 속의 나와 지금의 나 193

찰라 194

밤과 낮 195

불교 공부 196

중생의 마음을 보라 198

부처님이 따로 있나? 199

무신론(無神論) 200

허탈(虛脫) 201

불경 중에 202

그것이 우리라오 204

우둔(愚鈍)과 지혜(智惠) 205

애고애고 오호통재라 206

천수경(千手經) 208

불도를 깨우치는 방법 210

나의 반야경 211

나는 속았다 212

부처님께서는 213

토속신앙과 불교의 만남 214

인생은 매우 짧은 것이란다 215

성철스님의 열반송 216

거두절미(去頭截尾)하고 218

어제는 어제고 오늘은 오늘 219

무무역무 개시허망 220

연(蓮)못에 빠져 보고 221

탄생일 222

정구업진언(淨口業眞言) 223

타화자재천(他化自在天) 224

천진불 225

죽음 226

천부경(天符經) 227

절에 가면 228

속 시원함 229

제3부 하루

하루	233
옛 설날은	234
한국인의 자긍심	235
이 마음마저 아집인가?	236
매미의 울음(蟬蟲)	237
사후(死後) 문제	238
종교란 무엇인가?	239
거짓말	240
나라는 것은	241
돌아가신 아버지를 찾아	242
나의 미래는?	256
다 벗어 두고	257
말하는 내소사의 느티나무	258
코끼리	260
생각과 표현	261
사랑하는 당신에게	262
나의 마음을 바꾸길	263
죽음이란 정말 있는가?	264
보람 있는 삶	265
어느 스님과의 대화(對話)	266
거지 대장의 삶	267
화작(化作)	268
수년간 찾아봐도	269
화병	270
살아가는 방법	271

제1부

사람

하루에 10분이라도

　사람이 삶에 지금 내가 왜 살고 있는가를 생각해 보고 삶에 무엇이 올바른 삶일까? 지금부터 보람 있는 삶이 무엇일까? 누구나 한 번쯤 하루에 10분이라도 고민하고 생각하여 내일을 어떻게 설계하고 행동으로 실천하여 하루하루를 건전한 마음으로 매일매일 보낸다면 행복이 따로 있나요? 한 달만 실천해보면 다른 세상이 보일 것입니다.

　그곳이 행복한 삶의 세상일 것이요.

가을 들녘

콤바인 논에서
뱅글뱅글 돌고

할머니 고구마밭에서
소쿠리 채우고

생강밭에 아낙네들
노랫가락 펼치고

오토바이 새참 싣고
이곳저곳 달리네.

한가로운 누렁이 소
고구마 줄기로 배 채우고

할아버지 굽은 등에
고구마 줄기 지게에 지고
숨 몰아쉬며

패인 주름에 함박웃음
올해도 풍년이라네.

메아리

산에 올라가 야호 하고 힘껏 소리치면
다시 돌아오는 소리는
야호 차츰 작아지면서 여운을 남긴다.
야호 소리는 한 번인데
되돌아오는 소리는 여러 번이다.

사람들의 삶에 있어
좋은 말은 여러 번 들어도 싫지 않으나
나쁜 말은 들을수록 화가 난다.
내가 한 말은 반드시 메아리 되어
다시 나에게로 돌아오게 되어있다.

타인을 증오하거나 미워하는 말은
나의 마음속에서 나오는 말이니
나의 마음속 미움과 증오를 바꾸어
사랑과 선행과 덕으로 생활하면은
이 또한 메아리 되어 나에게로 돌아온다.

천 번의 말보다 한번 실행함이 더욱 중요하다.

나와 낙엽

따사로운 봄 움트는 싹에서
심술궂은 비바람 속에 열매 위하여
있는 힘 다 바치고
온갖 풍상 다 겪고

미래의 싹의 근본을 만들어
미래를 준비하는 잎의 완벽함이 있고

화려한 단풍으로
마지막 삶을 불태우며

마지막 낙엽마저도
나무의 밑거름으로

나를 버리고 생을 마감하는
낙엽이 우리 사람의 삶이
너 낙엽과
어찌도 그리 같단 말인가

인생은 하나의 낙엽인 것을

모든 것에 얽매여 욕심을 부려본들

흥망성쇠 부귀영화 권력 명예가
다 무슨 소용인가

불꽃 사그라지듯 하는
우리 사람의 삶
그동안 삶이 허공에 그림 그리고
낙엽처럼 짧은 인생
마지막 낙엽 되어 밑거름될까 하오

눈

함박눈이 옵니다.
하얀 마음으로
내려옵니다.

온 세상 사람
마음속에도
청산에도
냇물 위에도

이리저리 하얀
함박눈이
포근히 내려앉아
나의 냉가슴
감싸줍니다.

지난날 부끄러운
모든 일들
살며시 용서로서
하얀 이불로
덮어줍니다.

사랑의 아픔도

미움의 세월도
지나간 추억 속에
하얀 함박눈으로
덮어줍니다.

내일 다시 물이 된다 해도
오늘은 사랑하는 마음으로
함박눈 되어
감싸줍니다.

땅(土)

아무리 거센 세파에도 거짓 없는 너
더러움도 깨끗함도 좋아도 싫어도
주면 주는 대로 받고

달라고 하면 있는 대로 주는
너의 진실한 그 성품이
그 어느 성인이 너와 견주랴

비바람 돌 나무 풀 사람 모든 만물
아무것도 싫다고 하지 않으니

모든 것을 현실 그대로
너의 품에 안으니
너의 속은 누구를 닮았는가

나도 너 같은 속 넓은 사람 되어 살아봤으면
모든 만물과 우리 인간도
땅 너에게서 태어나 살아가고

또한 다시 너에게로 돌아가며
콩 심으면 콩 자라고 꽃 심으면 꽃 자라고

단 한 번도 거짓 없이
네 마음 내보이니
땅 너와 같은 마음으로 살다가
후회 없이 너에게로 돌아가리라

바다낚시

넓고 넓은 바다 한가운데에
달랑 낚싯바늘 하나에
미끼 하나 달아 놓고
물고기가 물어주길 기다리는
낚시하는 그 마음은
물고기를 속여서 잡는 못된 심보인가
살생을 즐기는 악한 마음인가
참을성도 기르고 마음의 수양도 되고
이익도 있는 건전 스포츠인가
갈팡질팡하다가
마음 굳게 먹고 낚시하는 그 마음이
선도 악도 없음을 그 누가 알 것이요

바둑 한판

바둑 한판 같은 인생
바둑판 위에 음양으로 나누어
아옹다옹 다투며 천하를 호령하다
바둑 한판 끝내면
돌 조각과 나무판으로 바뀌듯
성직자나 속인이나 삶에 무엇이 다를 것인가
자연은 자연 그대로 가고
스님은 스님대로 살아가고
미물이나 나는 지구상에 왔다가
자연으로 돌아가는 것
부귀영화니 깨달음이니 하는 것도
삶의 수단일 뿐
우리 인생은 지구상에 왔다가
자연으로 돌아가는 것
바둑 한판 같은 인생이라오.

바위섬

동이 트면 붉게 분칠하고
갈매기 둥지에 웃음 짓고
어부들 뱃고동 소리에
검은 해오라기
선녀의 춤을 추는구나

푸른 파도 건반을 두드리고
미역 따다 집을 짓고
우럭 노래기 게 고동 모여 살며
언제나 그곳에서
함박웃음 짓는구나

저녁노을 품어 안고
갈매기를 동무 삼아
구름으로 이불 하여
파도 소리 자장가로 들으면서
언제나 그랬듯이
너털웃음 웃는구나

백사장

오늘도 하루에 두 번
물이 들어왔다 나간다
모래사장에
많은 발자취를
지우고 나간다

삶의 수많은 사연을
닦고 지우고
애달픈 사연들 환희의 기쁨도
닦고 지우고
한 번이 부족하여 두 번씩
천 년 전이나 지금이나

그 모진 풍상에도 깨끗함이
우리들의 마음인가
모래알 하나하나가
우리 삶의 방편인 지혜인가

백사장에 그린
나의 일생 남김없이 지우고
백사장은 깨끗함
언제나 늘 그대로이네

비 오는 날

저 수많은 강줄기 가득한 물들이
쉼도 없이 흘러 바다로 가건만
바다는 옛날 그대로 푸르고

모진 비바람 수없이 몰아치건만
바다는 변함없이 짜고

오늘도 종일 비가 오건만
이 빗물은 바다로 갈 것이라

우리 인생들은 저 빗물 모양
지구상에 왔다가 자연으로 되돌아가는 것

무엇을 남기고 가려고 생각해 보지만
가지고 갈 것도 없고 두고 갈 것도 없고

저 빗물에 모든 것 쓸려가듯
우리 인생도 세월 따라 쓸려가고

온갖 산천 또한 무상함이
우리 인생과 그리 똑같음이라

모든 것 있으면 있는 그대로 즐거움이고
사랑이고 배움이고 슬픔이고 아픔이고
베풀고 나누고 가도 찰나 같은 삶이라오

내 몸마저 두고 갈 것이니
모두 마음대로 가져가소

봄

온갖 산천 들녘에도
푸릇푸릇 봄은 찾아온다네
툇마루 토방에도 온다네
마루에 앉아 씨앗 고르는 할머니에게도
마루 밑 졸고 있는 고양이에게도
봄은 찾아온다네

산골짝 냇가에 햇볕 쬐러 나온 개구리 등에도
냉이 깨러 나온 처녀 울렁거린 가슴에도
시내가 버들꽃에도 희망의 봄은 찾아온다네
아랫마을 밭 가는 노총각 마음에도
외양간에 하품하는 소에게도
봄은 찾아온다네

삶의 여행

인생의 날이 아무리 많아도
지나간 날은 하루 같다오
사람은 삶이 곧 인생 여행이다.
수많은 사람을 만나고 헤어지며
무수한 말들을 나누고
많은 기억으로 남기며
마음도 선악도 생사도 분별도 불법도 있고 없고 간에
종착역을 향하여 달리는 삶이란 기차를 타고
창가에 지나간 수많은 영화의 필름들을 되돌려 보아도
역시 짧은 시간으로 인생을 여행하는데
이러한 찰나의 삶에서 무엇에 집착할 것인가.

오늘도 무사히

석양(夕陽)이 질 무렵
오늘은 누가 오려나
친구를 만나서 차 한 잔 나누며 왁자지껄
웃고 웃는 웃음 속에 마음을 녹이고
친구와 즐거움을 나누는 하루의 행복이
내일도 모레도 이 행복이 계속되기를

오늘도 무사히 지나감을
감사히 생각하고 여러분을
만나던 즐거움이 가슴속에 남겨두고
살아있다는 행복이 매일 계속되기를
잠시나마 두 손 모아 기원합니다.

선상낚시

이른 새벽부터 낚싯대 걸쳐 메고
대어의 꿈을 안고 천릿길을 마다치 않고 달려와
북적이는 항구의 새벽 아침
낚시도구 살피기에 분주한 사람들
만선의 기쁨으로 돌아오길
각자가 소망하며 떠나가는 낚싯배들

망망대해에서 낚시 하나에 미끼 하나 매달아
온종일 고기 하나 입질을 기다린다.
얼마나 잡고말고 간에
지는 해를 보고 오늘 하루 낚시질에 고단한 몸

뱃전에 몸을 기대 흰색 물결 뒤로하고
배 따라오는 갈매기 동무 삼아 먹이를 던져주며
요란한 뱃소리에도 지그시 눈을 감는다.

섬

바다 안에 섬인가
섬 옆에 바다인가
섬이 그리워 바다가 붙어있고
파도에 맞아도 바다가 좋아
바다를 안고 있는 섬들
섬과 바다는 천생연분인가
오늘도 얼싸안고
둥실둥실 춤을 추네요.

쏜 살

애지중지 손때묻은 활과 화살
하늘을 향해서 힘껏 활을 당기니
맨질맨질 반짝이던 화살이
쏜살같다더니 팅 소리 한 번에
나 몰라라 돌아오지 않는구나.
활마저 대문간에 걸어두고
들고 날 적에 바라보며
세월의 무상함을 한탄한들 어찌할꼬.

아침이슬

어젯밤 찬바람 슬며시 잠들고
살며시 내미는 밝은 해님에게
생긋이 웃는 웃음으로 반기는
풀잎에 앉은 아침이슬
산들바람 불거나 해님이 돋으면
없어질 아침이슬 너의 삶은 어찌하면
우리 인간과 그리도 닮았는가.

맑고 깨끗한 네가 부러워
바람이 심술부리고
해님이 너를 녹여도
온 데로 되돌아가는 너의 삶이
인간과 그리도 닮았는가.
이슬 같은 우리 인생
마음이나 맑고 깨끗한 아침이슬 되었으면

앉으나 서나

가나 서나 앉으나 깨어 있으나
여자의 가슴 안고 잠들어 있으나
이곳이 법당이요 참선하는 곳 따로 없고
보는 이마다 모두 부처님이요
부처라고 따로 있나
보는 것 모두 불성을 갖추었으니
들리는 이 모두 불법이고 방편문(方便門)이라
이승이 극락이요
극락이라고 희노애락이 없겠는가
참나는 어디 두고
나를 찾아 헤매는가
이승을 하직하고
저승을 가보아도
나라는 것은 사라진 불꽃 같아
있는 것이 무(無)와 공(空) 뿐인데
팔만 사천 법문도
이곳이 극락임을 일깨우는 길라잡이
바람 소리 풍경소리 물소리도
모두 선녀들의 풍악일세
이승이 극락이니
눈을 뜨고 숨을 쉬니 이 아니 좋을시고
좋은 법당 수리하며 오래오래 극락에서 살고지고

연꽃 되어

모든 세파에 시달려도
맑은 하늘을 바라보고
희망 가득히 웃음 짓고
모든 번뇌를 벗어놓고
항시 해맑은 웃음으로
연꽃 되어서 안기 우리

항시 가득한 그대 생각
일생 간직한 인연인가
매년 새해는 오건만은
모든 망상을 벗어놓고
항시 정다운 마음으로
연꽃 되어서 안기 우리

조약돌

태초부터 많은 세월 지나면서
각진데 모서리 떼어버리고
틈새에 걸림 없이 둥글둥글
어느 자리고 마다치 않고
반짝반짝 빛을 내니
인고의 세월 동안 나를 버림으로써
그 둥글둥글한 것이 불법의 도리인가
모든 인간아 작은 소리 큰소리로
싸르락 싸르락 나 닮아라 닮아라
소리 내 말을 하네요.

촛불과 어머니

자기 몸을 이글이글 태우는
아픔에 눈물 흘리고
모진 바람에도 한들한들
힘겨운 인내로
자기 속을 녹여서
밝음의 근원을 만들고
나의 희생이
타의 모범이 되어
빛으로 보답하고
죽도록 자기 몸을 녹여
오늘의 어둠을 밝히고
끝내는 생을 마치는
어머니의 숭고한 사랑이
촛불 되어 타오를 때
그 고귀함이
가슴이 벅차고 눈물이 흐르네
나의 사랑 어머니

추우면 추운 대로

추우면 추운 대로 더우면 더운 대로
있는 그대로 살면 되는 것
천 가지를 알면 무엇하고
한 가지도 모르면 어떠한가
숨 한번 안 내쉬면 모든 것이 끝인 것을
모든 욕심 근심 걱정 모든 것 내려놓고
사는 대로 살아보세

한낮 꿈이로다

나는 매일 밤낮 꿈을 꾼다.
악몽(惡夢)도 꿈이요 선몽(善夢)도 꿈이다.
찰나 같은 내 일생 꿈속에 헤매다가
꿈을 깨어 돌아보니 남은 것은 저승이라.
땅을 치며 한탄한들 뉘 나를 위로할꼬
모든 것을 벗어 놓고 짐 가볍게 갈까 하네.
있고 없고 다 떠나고 왔던 길로 돌아가니
남는 것은 허공에 새 발자국 이것이 꿈이었나.

욕하면 누가 먹나요

나의 삶을 마음의 거울로 바라본 후
욕먹을 만한가를 생각한 후에
욕먹을 짓 안 했으면
욕하는 사람 입에서 먼저 먹고
욕하는 사람 따로 없고
욕먹는 사람 따로 없으나
한 귀로 듣고 한 귀로 흘려서 욕 안 먹으면
욕하는 사람 입만 더러워진다
욕 안 먹는 방법은
욕먹을 일을 안 하고
욕하는 사람 마음을
안타깝고 불쌍히 생각하고
이해하고 사랑으로 대할 수 있으면
욕 안 먹고 지낼 수 있다

세상만사

아무래도 덜 살면 어떻고 더 살면 무엇할꼬
그 왜 몰랐던가?
다 덮어 두고 인생 삶이 불꽃 지듯 하는 것
인제 그만 갈까 하네
모든 환자 다 고쳐도 또 남아 있을 것을
만공스님부터 이어받아 무료의원 하였건만
아버지 33년 나 42년 할 만큼 하였건만
이제 보광한약방도 문을 닫고 온 곳으로 가고파요

금강산은 말한다

금강산에 오르고
심산유곡 흐르는 물은 옛날이나 지금이나
높은 절벽 희희 괴기 바위는 바람을 막고
절벽에 붙은 나무들 삶에 발버둥 치고
옛사람들 찰나 같은 인생을 허무로 말하고
바람 소리 염불 되어 독경하고
물소리 목탁 치며 법문 되어 만장설을 하는데도
옛 인이나 현재 나나 본래 하나임을 알듯 말듯
산새 소리 우리보고 일어나서 깨우쳐라 깨우쳐라
목청 돋워 목쉬도록 울부짖네

언제나 나는 혼자가 아니다

이 세상 보이는 곳이라고는 수평선뿐인 망망대해에
외딴 바위섬 하나 정말 외롭게도 보이고
혼자일 것 같아도
사실은 너무 복잡하고 너무 시끄럽고
손님에 지쳐 쉴 틈 없는 시간을 보냅니다.
아침에는 해님이 바위섬을 깨워 세수시키고
갈매기 해오라기 잠을 깨우고
바다식물들 바닷고기들 게와 고동들
바위섬과 더불어 사는데
이따금 어부들 뱃고동 소리에
조용한 바위섬에 아픔을 준답니다.
특히 사람은 더욱 혼자일 수 없고
외로울 수도 없고
이 세상 인연이 다하여 죽는다고 해도
혼자일 수는 없답니다.
이 나라는 자체는 혼자가 아닌
만물과 만인은 나와 함께 있으며
이 세상 모든 것은
나 자체가 자연 전체이기 때문입니다.
그래서 불생불멸 하는 것입니다.

송구영신(送舊迎新)

모든 분에게
지나간 날에 얽매이지 말고
과거는 흘러간 세월일 뿐
기억에서 지우고
오지 않은 미래를
미리 걱정하지 말고

오늘 지금 현실에 충실하고
좋은 꿈과 희망을 품고
열심히 살다 보면
내일 아침에 붉은 태양이 비치듯
우리 모두에게 기쁨과 영광이 함께 할 것입니다.

오늘의 의미

무의미하고 허송세월로 보낸 나의 하루
고달프고 힘겨운 오늘 하루
마음이 괴롭고 슬프든 오늘 하루
오늘은 좋은 일 있으려나 기대하던 오늘 하루는
나의 보잘것없고 보람 없이 지나 보내는 오늘 하루는
먼저 돌아가신 지인들이나 조상님들이
무엇보다 귀중하고 정말로 애타게 발버둥 치며
살고자 했던 하루라는 것을 잊어서는 안 될 것입니다.
정말로 촌음을 아끼며 보람 있는 하루를
만들어 살도록 노력하며 정진하여야 합니다.

'도' 여여심

도라는 것
한밤에 초가 다 녹아 불이 꺼지면
다시 어둠으로 돌아오는 것
불이 켜져 있을 때
색도 상도 마음도 도도 있는 것이지
연료가 다한 불꽃은 흔적이 없듯
공도 도도 마음도 혼도 없는 것이다

산 정상에서

저 산에 오르리 목표를 정하고
새벽에 한 짐 메고 떠난다
산 아래 도착하여 너도나도
발길을 재촉하여 오르는 정상
길 요리조리 고불고불 숲속을 헤치며
이마에 땀방울 헉헉 이는 숨소리

앞에 보이는 이 절벽, 주먹만 한 하늘
뒤돌아보니 저 멀리 주차장이다
오르겠다는 마음이 무릎을 아프게 하고
손발로 기며 아~휴 소리가 턱에 차네
20~30세 때 내가 그랬었지 정상은 멀고 앞은 안 보이고
바위 위에 앉아 가슴에 땀 씻고 아픈 무릎 다둥이다 보니
저 멀리 일행일세 허둥지둥 일어나 걸음아 나 살려라

마음은 앞에 가고 다리는 천근일세
돌부리에 차이면서 허겁지겁 따라오니
등줄기 내 흐르고 고동치는 심장 소리
노송을 끌어안고 지나온 길 바라보니
저승길이 이 길인가 뒤는 낭떠러지 앞은 바위 절벽
한숨을 몰아쉬고 쉬어 가세 쉬어 가세

인생길이 험하다는데 지나온 길
영화필름 돌아가듯 머릿속에 새겨두고
절벽에 매어놓은 줄을 잡고
후들후들 팔다리가 신장대 인가 오만 간장 다 녹이며
네 족으로 기어올라 바위틈에 기대이니
꿈인지 생시인지 머리가 몽롱하고 눈앞이 안개일세
내려가도 못할 바엔 다시 줄을 잡고
아기 걸음 걷듯 조금조금 올라와서
바위 위에 벌렁 누어 하늘을 처다보니
삼라만상 구름 되어 흘러가고
내 인생도 구름 되어 함께 떠나가네

심호흡을 다시 하고 일어나서 정상으로 올라가다
산 뒤편의 경치가 궁금하여 발걸음이 빨라진다
헉헉 소리 내며 오르다가 정상을 바라보곤
얼마 안 남은 정상인데 갈수록 힘이 드네
한 발짝 한 발짝 젖 먹던 힘 다하여서
산꼭대기 도착하니 야~~호 소리 절로 난다

이곳이 극락인가 발아래 사방 펼쳐진
온갖 세상 머리 숙어 조아리네
다 올라온 성취감이 어떤 말로 표현할까?
오던 길을 바라보니 험하고 험하다
산 아래 이쪽저쪽 인간들 사는 것이 소꿉장난하는 깃 같고
이리 봐도 저리 봐도 신선 된 기분일세

흐르는 저 구름

인간인 나는 저 구름과 같이 이 세상에 왔다가
흔적 없이 사라지듯 뭉쳤다 흩어지듯
이 세상 모든 것이 무상함을 뉘 몰랐던가
나라는 존재는 애초에 없었던 것
나조차 없는데 이 세상 내 것이 어디 있던가
모든 망상 벗어 놓고 살다 보면 이곳이 극락일세
말로만 공수래공수거 중얼거리지 말고
모든 욕심 놓고 나서 이 몸뚱이마저 내 것이 아니거늘
나라는 자체를 놓고 나면 정말로 삶이 편안한걸

사람의 마음

우주의 지구에는 밤낮이 있고
지구 속에 사는 사람은 선악이 있고
모든 식물에는 성장과 멈춤이 있고
우주의 만물 속에는 무상함이 있고
종교지도자도 사람이니 선과 악이 있을 것이고
모든 것이 무상한 것이니
중생의 마음이나 종교인의 마음도
항시 자주 변함이 있음이 당연한 것
어찌 종교지도자들이라고
착하고 선한 교인만 있기를 바라겠소.

시간이 목숨이다

오늘도 하루 밤낮은 쉼 없이 지나간다.
그 하루하루가 합하여 일생을 이룬다.
그 하루는 모든 생명체의 생명을 가지고
죽음을 향하여 빠른 빛같이 달려간다.
그 하루 중에 일촌광음(一寸光陰)도 아끼고 아껴
마음 편하고 좋은 생각으로 주인 되어
행복하고 즐겁고 좋은 시간으로
만들어 살아야 오늘 하루를
보내는 데에 후회가 없을 것입니다.

어느 곳에 얽매지 말라

팔만 사천 경전과 성서에 귀속되어 얽매이고 속지 말라
성현들이 말씀하신 내용의 본뜻을 알고 깨우쳐야지
좁은 소견으로 마음대로 해석하여 그 속에 잠기면
깨우치기 힘들며 벗어나기 어렵고
인간의 본성은 본래 광명하여
모든 이가 다 비로자나불입니다.
지옥과 극락이 모두 공함이며
여기 사는 이 국토와 현실을 바로 보고 믿고
지혜를 터득하여 바른 믿음을 가집시다.

오늘도 물은 흐르고

팔만대장경을 다 외우지 않아도
온갖 삼라만상을 더듬어보지 않아도
여기 있는 나를 찾지 않아도
지금 나를 버리지 않아도
항시 사람은 깨달을 기회가 온다.
당신이 지금 있는 그대로가 나요
우주의 삼라만상이 곧 나와 같으니
가질 것도 버릴 것도 없는 것이 나요
본래 나라는 것은 없던 것이요
모든 상이 뭉쳤다 흩어지는 것
유정이다 무정이다 다 부질없는 것
물은 항시 흐르고 지금도 지구는 돌고 있다
그러나 지금의 나의 몸이 형상 속에는 사랑도 있고
희로애락도 있고 고집멸도 등등 지금은 있으나
본래는 공수래공수거(空手來空手去)
이 몸뚱이 이 형상은 없던 것이라오.
사랑과 미움도 소유의 개념도 다 허망한 것
마음을 비우고 바람같이 살다 보면
오늘도 물은 흐르고

무엇을 남길까?

당신은 무엇이 있는가
건강한 육체와 힘이 있는가
많은 돈과 재산이 있는가
명예와 권력이 있는가
명철한 두뇌와 학식이 있는가
지금 내가 가지고 있는 것은
모두 허망한 것들 뿐이다

사람은 많이 살아야 125년 정도 살다가 죽는다. 당신의 육체는 지금 이 시각에도 죽어가고 있다. 영겁의 세월에 비하면 정말 하루살이 삶 같은 찰나의 인생이다.

이 세상에 왔다가 보람있게 가자면 어떻게 할까? 사람으로 왔다가 자연으로 돌아가는 이 복도 매우 중요하지만, 아무래도 내 것이란 없는 것 가지고 갈 것도 없는 것.

이웃을 돌볼 줄 아는 후덕한 덕망과 남을 위하여 모든 것을 내어 줄 수 있는 선량한 마음. 우리가 죽어서 자연으로 돌아간 다음에 오직 영원히 남는 것은 이 두 가지뿐인가?

마음은 본래무심(本來無心)

본래 마음은 음도 양도 없는 것
악도 선도 본래는 없는가
오직 당신은 우주의 하나인 지구에서
다른 물체와 똑같이
오직 생했다 멸하는 하나의 개체일 뿐
본래 마음은 그 자리에 있는 것
본래는 너도나도 지구상의 모든 개체는
마음도 극락과 지옥도 생과 사도 본래는 없는 것
사람이나 다른 모든 것들도 주어진 여건
그 자리에서 있는 그대로 주어진 여건
그대로 있다 본래대로 가는 것

나란

나란 무엇인가?
본래·없는 것
생전에도 없었으며 지금도 없을 뿐인데
인식과 의식이 나를 만들고 감각과 마음이 고통을 만든다.
꿈속의 나나 현실의 나도 같으며
결과는 혼과 백이 사라지면 본래대로 돌아간다.
돌아가는 그곳이 에너지화한다.
수많은 언어와 글로도 나라는 그것은 표현 불가능한 이유다.
그래서 생사를 막론하고 무엇이라 해도 답이 없는 이유다.

낙수(落水)

너는 어디서 왔다가 어디로 가는가?
네가 온 곳이 내가 온 곳이요
네가 갈 곳이 내가 가는 곳
떨어지고 헤어지고 뭉치고 흘러간다.
저 구름 되어 처마 밑에 낙수가 되리니
법륜(法輪)의 한 축은 처마 밑에 있구나.

깨달음을 찾는 이

온몸에 하늘을 두르고
먹고 숨 쉬고 마시며 내 눈이 하늘임을
왜 모르는가?
이곳이 극락(極樂)이며 공(空)이고
불자들이 염원하는 깨달음의 그곳임을
이 좋은 극락에서 살면서
극락인 줄 모르며 어느 곳을 찾으려 마음 쓰는가?
극락정토는 죽어서 가는 곳이 아니라
지금 살아서 이곳이 극락정토(極樂淨土)이다.

길동무 1

혼자 가면 외롭고
둘이 가면 혼자보다 편하나 다투고
셋이 가면 셋 중 하나는 선도자가 있다 하더니

우리 인생의 삶에서 길동무 중에
선도자를 만나기가
백천만겁 난조우(百千萬劫 難遭遇)라 하나

저 하늘의 구름을 보고
구름아 나와 함께 가자
바람아 너 가는 대로 따라가마
가다가다 보면

어두운 곳 달빛으로 등불 삼아
창공을 이불 삼고
청산을 베개 삼아
너희들을 길동무하여

산천초목 세상 만물이
나 아님이 없음이요
모두 하나임을 알게 되고

세상 만물 모두가 좋은 길동무이고
모든 것이 선도자임을 알 것이요

그 누가 길동무를 물어보면
창공도 길동무요
청산도 길동무라
기쁘게 대답하리오

벽시계

오늘도 똑딱똑딱 땡 땡 소리 내는
우리 집 벽시계

너도 언제나 똑딱똑딱
밥만 주면은 세월 가는 줄 모르고

늙어 간 지 수십 년
항시 내 곁에서
착실히도 쉬지 않고 일도 잘도 한다.

너의 충실함에
나도 흘러간 세월을 함께함에
지난 추억 고스란히 간직하고

필요할 때 사진첩 뒤져보듯
머릿속에 그려 본다.

보름놀이

놀아보세 놀아보세
장구통 걸러 메고
팽이처럼 뱅글뱅글
돌고 돌며 어얼씨구 놀아보세

동동주 한잔 마셔가며
안주 하나 손에 들고
네 활개를 활짝 펴며
덩실덩실 춤을 추며
어얼씨구 놀아보세

상쇠 고갯짓과 꽹과리 소리에
너도나도 일어나서
온갖 잡념 다 버리고
어얼씨구 놀아보세

둥 둥 두둥 두둥 둥 둥 둥
징 소리에 발을 맞춰
동네방네 다니면서
바깥마당 돌고 돌며
액운 재앙 다 내쫓고
신이 나게 어얼씨구 놀아보세

이곳이 극락

오늘 하루 보람 있고 즐거운 날이면
이곳이 극락이고
오늘 하루 화나고 짜증 나며 울고 싶으면
이곳이 지옥이라
나에게 항시 따라다니는 환경과 마음이
극락과 지옥일세
죽어서 없는 왕생극락 찾지 말고
살아서 즐겁고 행복하게 살아가면
매일매일 이곳이 극락일세
하루하루 살아가며 서로 간에 즐겁고
좋은 세상 웃어가며 살아 보세

누구나

천상천하 유아독존(天上天下 唯我獨尊)은
누구나 다 똑같은 것이다.
남녀노소 동물 식물 광물
더 넓은 우주의 많은 물체 또한 천체
부처님만 천상천하 유아독존이 아닌
모두가 다 같은 것이다.
이 모든 사바세계에 오직 나 하나
삶은 일기일회(一期一會)뿐인데
삶이란 매우 소중하고 행복한 것이다.
그래서 불교에서 말하는 것은
유신론도 무신론도 아닌 현실론이다.
극락정토의 세계는 현실에 있는 것이지
죽어서 있는 것은 아니다.
부처님께서는 현실에서 삶에 살아가야 할 도리를
말씀하심에 많은 불경으로
중생들을 삶을 인도하시었다.

안다는 지혜

나는 불경을 많이 연구하고 배워서 잘 알고 능통했다
이런 마음은 가장 어리석은 생각이지요.
온 세계를 주름잡던 성인이나 석학들도
인간으로 살다가 인간으로 돌아가십니다.
다만 살아있을 때 온 인류에게
어떠한 이로움을 주었느냐가 중요한 일이지요.
모든 불제자시여
너나 종교 선악 구분하지 말고
사람으로 부끄럼 없이 살다가 갑시다.

내가 죽는다고 해도
저 바위 속에 혼이 되어
희로애락에 물들지 않고
천둥과 번개 몰아쳐 가루가 된다 한들
수억 년 침묵으로 견디어온
바위 속에 혼이 되어 산천초목 끌어안고
말없이 내면으로 다스리는
변함없는 바위 속에 혼이 되리라

돈오(頓悟)란

돈오점수(頓悟漸修)이든 돈오돈수(頓悟頓修)이든
매우 어리석은 자들이 말씨름이요
사람의 마음은 요지경 속이라
무상한 것이므로 이래도 그만 저래도 그만
삶의 목적지에 도달하여
후회 없이 가는 것이 인생인 것을
돈오한들 무엇하며
돈오를 못한들 어떠리오.
인생도 공이요
불법 자체도 공이요
생로병사도 공인 것을
죽음이 두려운 자들이 헛소리지
시간도 공간도 없는 이 우주공간에
한 찰나 같은 삶이 인생이라오.
이 찰나 같은 인생
하루 한 시진이라도
대자대비(大慈大悲)한 부처님 같은 마음으로 살면서
마음 편히 살아가는 것이
불자의 할 일이지요.

동산(東山)

해 뜨는 산 등 넘어 따뜻한 붉은빛 바라보며
허둥지둥 숨차게 달려와 산 아래 다 왔건만
몸에 따스한 온기는 식어만 가고
저 산 등 올라갈 기력마저 잃어가네!
산 등 넘어 행복을 꿈꾸며 달려온 세상 뒤돌아보니
애처로운 내 모습이 한심하기 짝이 없네!
걸망 벗어 놓고 산등성이 오르려 발걸음 재촉해도
마음은 앞에 있고 몸은 뒤따르네.

땀

산 정상에 올라 사방을 바라보니
오를 곳 이곳 다 인가
팔을 들면 저 별 잡아 오를까 했는데
어쩔 수 없이 낡은 짐 걸머메고 하산 길을 재촉하네!
돌부리에 차이고 이리저리 부딪친
상처투성이인 이 몸으로 낡은 짐 내려놓고
주저앉자 찬바람에 땀이나 식혀볼까?

마음으로 보는 것

사람의 일상생활 중에는 눈으로 보거나
마음으로 보는 것이 있다.
흘러가는 구름도
혹은 오색찬란한 무지개도
눈으로는 보일 뿐이지
사람의 감정으로 생각하는 것은
똑같은 것을 보더라도
느끼는 감정은 서로 다르다.
이 세상 모든 것은 더럽고 깨끗하지도
아름답고 예쁘고, 좋고 나쁘고, 선하고 악하고 없으나
마음으로 보는 생각이 서로 다를 뿐이다.
참된 불자라면 자기가 있는 곳에서
정견으로 자기를 다스릴 줄 아는
마음의 눈을 가져야!
모든 욕심에서 벗어나
바람 불면 바람 부는 대로
비나 눈이 오면 오는 대로
모든 환경에 대처하여
타인을 인도할 수 있는
주인공으로서 마음의 눈을 가지고
사물을 볼 줄 아는 눈이
참된 마음의 눈이다.

만들어진 영혼

지구상에는 사람 스스로 만든 영혼과 신이
많은 신앙을 통하여 존재하는 것같이
유지되고 있으며
이로 인해 수없는 생명이 희생되고
서로 간에 갈등의 원인으로 부각 되고 있다.
참으로 애석한 일이다.
다행히도 불교에서는
우주 만물과 자연을 모두 동일시하며
네가 있어야 내가 있다는
평등과 윤회의 원칙을 설법하시어
종교 간 혹은 영혼의 유무를 막론하고
화합과 평등, 사랑을 강조하시므로
이 지구상에서 언젠가는 대화합을 이루어낼
가장 현명한 생활 방식이며 철학이다.

모처럼 오늘

9월 비바람에 시달리던
노란 벼 이삭이 마음을 숙이고
햇밤이 가슴을 열어
붉은 열정을 발하고
앞마당 멍석에 빨간 고추
잠자리 이리저리 멍석을 맴돌고
가을볕 따스함이 내 볼을 감싸네.

만추

은행나무 밑에 노란 은행들
다람쥐 알밤 주어 땅에 묻어두고
고구마 줄기 멍석에 널어놓고
망둥이 장대에 걸어 말리는 내음
저녁 잡곡밥 저절로 넘어가네.

무식쟁이

모르면 살기 편하다.
불법을 모르니 알려고 하지 않아 편하고
만나서 즐거움이 없으니 헤어지는 괴로움이 없어 편하고
죽을 날을 모르니 사는 날이 편하고
가진 것 없으니 버릴 것 없어 편하고
옳고 그름이 없으니 머리가 편하고
고정관념 버리고 사니 내 의식이 편하고
죽다가 살아 본 사람은
영혼이 없으니 극락이 있는 줄 모르니 마음이 편하다.
바보들의 행진곡이 마하반야바라밀타다.

매화꽃

매화의 한 송이 꽃이 피기 위하여
추운 겨울을 지나는 고달픔을 겪어야 하고
이른 봄날에 꽃의 아름다운 자태를 뽐내며 함박 웃으나
이 꽃잎 또한 하나씩 심술궂은 산들바람에
한들한들 날리네.
함박웃음도 한 찰나뿐이거늘
꽃을 아무리 예쁘고 아름답고 사랑한다고 하지만은
매화나무 꺾어서 화병에 담지 말라.
꺾은 가지에는 내년에 꽃이 다시 피기 어려우니
모든 식물은 뿌리와 가지를
저 살기 편한 대로 자라나는 법이거늘
마음대로 잘라내면 식물인들 편할 건가?
사람의 인생과 삶도 매화꽃과 같은 것이라
고통도 한 시절 사랑도 한 시절 세월도 찰나이니
흐르는 물처럼 가는 곳곳 있는 곳곳마다
추우면 추운 대로 더우면 더운 대로 살아보면
따스한 봄날에는 매화꽃이 피겠지오.

네 것 내 것 따로 있나!

모든 산이 높다 하되 하늘 아래 뫼이로다
사람 인생 살아가며 높고 낮음 어디 있나!
모든 것 감추려 해도 감출수록 상처 주네
알몸으로 온 것을 가져갈 거 무엇 있나!
삼라만상 우주공간 모두가 내 것인걸.
네 것 내 것 따로 있나!
숨 쉬고 사는 것 이곳이 극락인걸.
부처님의 가르침에 하심을 잘 배워서
많은 중생 인도하여 좋은 인생 살고지고
콩 심은 데 콩 나고 명장 뒤에 명장 난다.
열심히 노력하여 많은 중생 구제하십시오.

무엇을 깨우치나

오늘도 죽어가고 있다는 것을 알았다.
죽은 후에 남는 것이 없다는 것을
전생도 후생도 없이
오로지 현실뿐이라는 것을 알았다.
종교란 현실의 삶에
서로 돕고 서로 사랑하며 살아가고
인간 만사 욕심이 불행의 근본이라.
부처님의 말씀이던 각 선사 조사님의 말씀이던
각자의 삶에 행복하고 건강하고 좋은 마음으로 살다
바람같이 왔다 바람같이 가라 한 말씀이다.

바람은 보이지는 않아도
실체는 우리가 느끼는 것
인간도 바람 같은 것
그래서 진공묘유(眞空妙有)라
다 방편문 방편문 방편문
나무 시아본사 석가모니불

무지개다리 건너

팔만 사천의 법문을 수레에 싣고
영생 극락이라는 낙지를 찾아
버린 육신과 잊어버린 영혼을 가지고
오색영롱한 무지개다리를 건너
반야에 들 때
가족이 오열하는 저 모습들은
옆에서 볼 때
살아생전에 좀 더 잘하지 하는
애석한 마음이 든다.

바다

바다는 잔잔하고 싶어도
바람이 불면 일렁이는 파도
바람은 조용하고 싶어도
바다가 내 뿜는 숨소리에 놀라
줄행랑을 치고
오늘도 만물에게 선악으로 응답하네.

해가 뜨면 수평선 저 너머
행운의 빛을 발하고
앞을 보면 파도가 치고
멀리 보면 하늘과 합쳤으니
수평선 저 너머에
삶의 낙원인
무한 극락의 세계를
머릿속에 그려 본다.

바람

앞산에도 뒷산에도 진달래꽃
앞마당에 백목련꽃
도로변 벚꽃들
이곳저곳 꽃들이 만발하고
심술궂은 봄바람에 벌들만 애태우고
처녀총각 콧바람에 싱숭생숭 마음만 애태우네
바다로 가볼거나 산으로 가볼거나
하던 일 접어두고 어디고 떠나고 싶은 심정
이것이 봄바람이라 하였던가.

비울 것도 없는데

탐진치(貪瞋癡) 버리고
욕심도 비우고 버리면
사람 삶에 마음이 편해진다고 하는데
사실 사람이 살다 보면 선악도 있고 고애(苦愛)도 있는 것
애초에 가진 것 없는데 비울 것이 무엇이 있는가요.
있으면 있는 대로 없으면 없는 대로 사는 것이 인생이라
있는 것 버리려 생각 말고 괴롭거나 슬프거나
좋은 것은 좋은 대로 슬프면 슬픈 대로
버리고 비울 것 없으니
현실에 닥치는 그대로 가지고 살다 보면
무에서 왔다가 무로 돌아가는 법
버리려 애쓰는 것도 애증이라 생각하게 합니다.

시간(時間)과 공간(空間)

우리는 이천오백 년 전에
세존의 말씀을 듣고 있다
그리고 또한 그때의 법회 광경을 떠올린다.
그리고 그때의 세존님을 존경하고 경배(敬拜)를 올린다.
이는 시간과 공간을 떠난
이천오백 년이라는 시간과
인도와 우리나라라는 공간
또 오늘과 차후 오천 년 후에도
시간과 공간을 초월하고
생(生)과 사(死)가 없고
시간(時間)과 공간(空間)이 없는
진의(眞意)를 깨우칠 것이다.

삶도 죽음도

삶도 허사 죽음도 허사
본래 인간과 우주 만물은
둘이 아닌 하나인 것을
죽음과 삶도 하나랍니다.
거울에 비친 하나의 허상일 뿐이지요.
마하반야바라밀타심경을 억만 번을 읽어도
오직 인간은 인간이기만을 고집합니다.
우주 만물 중에 제일 더러운 것이 인간인데
인간을 정화하는 것이 종교
그중에 제일인 불경이지요.

어제는 이미 지났다

밥은 먹어야 산다. 내일 또 먹어야 내일 산다.
어제 먹은 밥은 우리 몸을 벌써 떠났다.
내일 또 살기 위해서는 내일도 밥을 먹듯
살기 위해서는
일과 참선과 공부도
매일매일 반복해야 산다.
어제 한 일과 참선과 공부도
어제 것은 이미 지났다.
매일매일 반복해야 산다.
오늘 밥을 먹듯 공부나 일과 참선도
오늘 해야 오늘 산다.

넋두리

아기들 젖병 가지고 다투는 소리 하네요.
영원하면 또 영원하지 않으면 어떠합니까.
원어를 잘 해석하든 못 해석하든
그것이 중요한 것이 아니라
불교를 잘 배우고 잘 알아서
지금의 현실에 삶의 생활에 실천하면서
본인 스스로 일생의 만족한 삶을 위하여
불교의 가르침을 선택하는 것이고
목마를 때 무엇으로 물을 먹든
좋은 물 잘 마시면서 아! 시원하다 하면은
목마름이 가시는 것이라 생각합니다.
매우 건방진 소리라 할 것입니다.
그러나 이 말 또한 촌 늙은이의
쓸데없는 넋두리이지요.

외연열도

붉은 섬 검은 섬 푸른 섬
오색 섬이 아침햇살에 눈 비비고
큰 섬 작은 섬 바위섬
나란히 줄 맞추어 수영하고

저녁노을 마주치며 옹기종기 마주하는
가옥마다 굴뚝에 저녁연기
누렁이와 바둑이는 선창에 배를 지키고
들려오는 파도 소리 교향곡을 연주하네.

저녁노을

이른 새벽 먼 동쪽 산등성이에
붉은 물 들이며
힘차게 솟아오른 태양의 둘레에
밝은 웃음 터트리고
한낮에는 최고의 열정으로 세상 모든 것을
내 맘대로 뒤흔들다
온몸의 힘이 다하면서 남은 힘 다 바쳐서
저녁노을 만들어 아름답게 비치고
산 넘어갈 때
내일을 기약하며 꼭꼭 숨어버린
사랑하는 연인인가?

살아감이란

살아감이란 한 조각 구름인 것을
허상과 망상에서 벗어나 참나를 알고
남은 생 값진 곳에 쓸 수 있도록 노력하고
나를 위하고 내 가족 내 이웃 나아가 우리 인간들
그리고 자연과 환경 위할 수 있는
조그만 마음이나마 힘쓰는 것이
사람으로 태어난 하나의 근본이지요.

이러한 깨우침

이 세상에 나라는 존재가 무엇인가를 알았을 때
나라는 존재가 무엇을 하며 살아야 한다는 것을 알았을 때
일생 삶에 인간이 살아가는 방법에 확고한 신념으로 행할 때
석가모니 부처님께서 사람들에게
일생 살아가는 방법을 전하려고 한 본마음을 알았을 때
도라는 말은 매우 평범한 우리들의 삶이다

인생 여행

우리의 인생은 삶의 여행을 하면서
많은 것을 접하며 삶을 이어간다.
나의 살아감이 타인이나 뒷사람들에게 길잡이가 되어
삶의 여행을 할 수 있도록
귀감이 되도록 살아야 한다.
불교뿐 아니라 타 종교도 경전이란 것은
인생 삶에 있어 하나의 방편이며 도구이고
환상일 뿐이고 뗏목과 같은 존재이다.
목적지를 가기 위하여 뗏목에서 내렸으면
뗏목에 미련 두지 말아야
다음 행선지를 향하여 갈 것이다.
삶의 여행에서 불경이니 참선이니 팔정도니
이 모두가 삶의 도구일 뿐
애착하지 말아야
진실한 불자로 다시 태어날 것입니다.

집착하지 말라

'나'가 누구인지
무엇이 '나'인지
모를 뿐이다.
석가모니 부처님과
관세음보살 행원으로 행동하고
실천하며 살아갈 뿐인데
이마저도 집착하지 말라.
새는 하늘을 날아도 자국을 남기지 않는다.

계란(鷄卵)

계란은 우리가 자주 먹고 보는 음식이고
하나의 생명체이다.
껍질를 깨고 나오는 병아리를 보면
계란의 온도차이로 병아리가 된다.
불교의 불법도 계란의 껍질과 같은 것
깨고 나와야 닭이 되어 아침에 울 수가 있다.
계란은 아무리 얇은 껍질이라도
깨고 나오지 않으면 울 수는 없다.

코끼리의 죽음

코끼리는 친족 간에 죽음을 은밀한 지정된 곳에다
정하여 한곳에서 죽음을 맞는다.
이는 신앙일까 습관일까?
없는 영혼을 찾는 어리석은 사람들이 매우 많으나
영혼이 없다하면 단견이라 하여 욕하지만
인간은 영생보다는
현재를 중시하는 삶을
건강하고 행복하게 살아야 한다.

길동무 2

혼자 가면 외롭고
둘이 가면 혼자보다 편하나 다투고
셋이 가면 셋 중 하나는 선도자가 있다 하더니
인생에서 길동무 중에 선도자를 만나기가
백천만겁난조우(百千萬劫 難遭遇) 힘들다 보니
저 하늘의 구름을 보고
구름아 나와 함께 가자.
바람아 너 가는 대로 따라가마.
어두운 곳 달빛으로 등불 삼아
창공을 이불 삼고 청산을 베개 삼아
너희들을 길동무하여 가는 대로 가려 하네.

항아리

꿀 항아리
소금 항아리
된장 항아리
술 항아리
지혜 항아리
……

항아리는 비우면 무한으로 변할 수 있다.
그러나 항아리에 아집, 아만, 고정관념을 담으면
불순 시멘트를 부은 것 같아
일생 일체개고(一切皆苦)에서 못 벗어나고
제행무상 제법무아(諸行無常 諸法無我)의 깊은 맛도 모르고
이곳 지금이 극락(極樂)인 줄 모른다.

평상심

사람으로 태어나서 사람답게 살면서
평상시 마음먹은 대로 사는 인생이 삶이고
각자 마음속에 부처의 마음을 가진 평상심이
참된 불법이지 부처와 불법을 아무리 찾아도
부처와 불법이 따로 있는 것이 아니고
부처의 마음으로 행동하는 것이 평상심이고
이 평상심으로 볼 때
모두가 부처이고 불법이고 불도입니다.
이것이 바로 평상심이요.
정토는 죽어서 가는 곳이 아니라
지금 사는 이곳이 극락정토입니다.
이 평상심을 항시 마음속 깊이
간직하고 살고자 노력합니다.

행복과 극락은

삼세의 제불님들에게
극락세계와 행복은 어디에 있냐고
물어본다면
확실한 대답은
지금이 행복하다고 느끼는 마음이
극락세계라 할 것이요
모든 중생이 사는 이 현생
이곳이 행복이고 극락임을 왜 모르오
TV 켤 때 리모컨을 손에 쥐고
리모컨을 찾는 식이네요.
행복과 극락은 지금 당신 마음에
그대로 가지고 있는 것이지
다른 곳 보물 상자 속에 있는 것은 아니네요.

행복하세요

많은 사람이 행복하기를 바란다.
그러나 그 행복이란
누구도 따로 만들어 가지는 것도 아니고
또한 누가 만들어 줄 수도 없는 것이다.
모든 사람은 본래 태어나므로 행복한 것이고
모두가 행복을 자기가 가지고 사는데
지갑에 돈과 같이 쓸 줄을 모르면
지갑에 있는 돈이 종이일 뿐이듯
행복이란
본래 개개인의 마음속에
한평생 쓰고도 남도록
충만하게 가지고 태어난 것을
본인 스스로 알아서 쓰는 것이 행복인 것을
이를 알지 못하고
외부에서 혹은 다른 조건에 의하여
만들어 가는 것이 행복이라 생각하는
사람들도 있다.
인간은 본래 행복한 것인데
행복이라 느낄 줄 몰라서
행복하다 느끼지 못하는 것이다.

추석(秋夕)

동틀 무렵부터 마당에 나가
먼 길을 바라본다.
자식들이 언제 오려나
마냥 기다린다.

모든 정성 다해서 차린 음식
조상님께 좋은 은덕에 감사하고
가화만사성(家和萬事成)을 빌고 빌며
온 가족 둘러앉아 왁자지껄 부산하다.

세상 부러울 것 하나 없는
자식 손자·손녀 앞에 두고
주름진 얼굴에 파안대소(破顔大笑)
넘어가는 해를 창살에
매어두고 싶은 오늘이다.

휴지(休紙)

강을 건널 때
배를 타고 건너서 배에서 내려
배는 나루에 빈 배로 매어두고
다시 돌아오지 아니하는 것이
우리의 삶이고

휴지(休紙)는
사용 전에는 매우 소중한 것이나
사용 후에는 가차 없이 버리는 것이듯
팔만 사천 법문(八萬 四千 法文)도
또한 휴지(休紙)이고 빈 배이며
모두가 방편문(方便門)인 것을

불법이라고 따로 있는 것이 아니라
모두의 마음속에 있는 것이 불법이며
모두가 부처님이십니다.

아만(我慢)에 물들고
탐욕(貪慾)에 가득 찬 허수아비 신세들은
번개 같은 불법 만나
사대육신 혼쭐이 나 봐야
제정신 차릴 것을

팔만 사천 법문을 외우고
득도하는 것 보다
한글 하나 몰라도 부처님 공경하고
가족사랑 이웃사랑 나라 사랑하고
산골에서 도시에서 살아가는
진실한 부처님들 만나면서
위로하고 사랑하세

나의 바람

만물의 영장인 사람이 나고 죽음에
어떻게 살다가 죽는 것이 가장 현명한가를
생각해낸 것이 불교입니다.
불경이란 사람이 살아가는 방법을 말한 것으로
부처님이나 많은 조사님 선사님들이
사람이 살아가는데 필요한 현명한 방법을
글이나 말과 마음으로
즉 해탈 불생불멸의 참된 이치를
중생에게 전하고자 함입니다.

그러나 지금
기복불교 혼백불교 영험불교 석가모니를 팔아
욕망을 채우려는 어리석은 자들이 더러 있어
불자들 마음에 서글픔을 안기는 세대에
법장이라는 참된 선구자를 보내면서
마음 한구석에 허전함을 느낍니다.

불교란 아무리 잘 안다고 하더라도
실천하지 못하면 필요없는 것입니다.
불경 한 줄 몰라도
착실하고 선한 마음으로 살아가는
사람들이 주위에는 무수히 많아

이 사회가 올바른 곳으로 돌아가니
참 다행스런 일입니다.

인생 삶의 방법을 말씀하신 부처님이나
조사님이나 선사님들에게 감사합니다.
나의 삶도 불법을 만나서 살아가는 것이
다행스럽게 생각하며
착하고 선한 마음이 되어
행복한 삶을 살기를 염원합니다.
나무관세음보살

눈(雪)

오늘은 하얀 눈(雪)이 휘날린다.

눈(目)이 눈(雪)을 본다.

눈(目)은 뒤에는 없고 앞에만 두 개 있다.

이 눈(目)은 현상만 보인다.

우리 몸속 심목(心目)으로도 본다.

심목은 한곳에 머무르면 편견이 온다.

제주도의 봄

제주도의 봄은 매우 향기롭겠지요.
매일매일 온몸에 하늘을 두르고
먹고 숨 쉬고 마시며
봄의 향기 가득하고
마음 편한 이곳(제주도)이
극락(極樂)이며 공(空)이고 깨달음의 그곳이요
이 좋은 극락(제주도)에서 살면서
극락인 줄 모르면 어느 곳에서
극락을 찾으려 마음 쓰겠습니까?
제주도의 무한 극락에서
올해에도 좋은 행복 누리소서!

저기에

저기에 스님 걸어간다
저기에 군인 간다
여자 간다
남자 간다
사람 가는 것은 한가지건만
보는 사람에 따라
가는 사람에 따라
말을 달리한다.

모두가 사람이고
모두가 부처님 같은 마음으로 사는데
천별 만차 두는 것은
보고 생각하는 사람 따라 다르듯

스님이건 군인이건 간에
모두가 태양 아래 하루 24시간
또는 무한의 시공을 초월한
지구라는 곳에 살고 있다.

누가 무엇을 알고 모르고 깨우치고 간에
내가 이곳에 있다는 감사함과
내가 있으므로 남도 있고

잘난 사람 못난 사람 따로 보는 것은
모든 것이 마음에서 일어나는 것
저기에 부처님 같은 분들이 간다라고
말하도록 노력하는 것이
해야 할 마음인 것을

자동차 승객은

자동차 승객은 자동차의 안전함과
운전기사의 안전 운전을 바라며
승차하는 것이지
자동차 부속의 이상 유무까지는
섬세히 관여할 의무는 없다.

운전은 전문가인 운전기사가 하고
정비는 정비사가 한다.

불교라는 승용차에 승차할 때는
안전 운전을 바랄 뿐이고

인생의 삶에서 내릴 때
감사합니다
그동안 잘 왔습니다
라고 하고
다음에 봅시다
라는 인사는 못 하지요

신(神)이 필요한가?

인간이 만들어낸 신(神)들
우리 지구상에는 많은 신들이 있다.
종족마다 또는 국가마다 지역에 따라
혹은 환경에 따라 수많은 신들이 있다.
종교라는 명목 아래 삶에 기준을 만들어
서로 다른 생활양식으로 살아가는 데 따른
서로 다른 가치관의 갈등 때문에
종교적 전쟁을 일으키기도 하고
인간이 인간을 멸시하는 부작용을 초래한다.
지구상에 모든 신은 인간이 모두 만들어낸
하나의 조작된 상상의 피조물이다.
신이란 사실상 인류에게 필요한가를
다시 한번 생각할 필요가 있다.

불이(不二)

지구라는 배에 타고
태양의 품에 안겨
무한의 은하계로
끝없는 여행하는
초로 같은 우리
사람 중에 나 하나
나와 지구와 은하계
무엇이 둘이 있던가?

달

달은 수없이 일그러져도 그대로이고
강물은 매번 변해도 흐르는 강은 변함없고
사람은 나고 죽음이 반복됨이 하루살이나 같아라.
잘나고 못나고 알고 모르고 그것이
칼로 허공을 베는 것이라.
마음을 비우면
이 세상 모든 것이 나일러라.

앞산

앞산을 바라보니
내 일생 매일 보는 산이건만
하루 한 날 한 시진도 똑같은 적
단 한 번도 없으니
저 산이 변덕꾸러기인가?
보는 내 눈이 잘못되었나?
아니면 저 산이 변하는가?
내 일생 돌아보니 앞산과 그리도 똑같구려

그런데 멀리서 바라보고
알고 보면 산은 산이고 나는 나일 뿐이지
변한 것 하나 없고
요동치는 내 마음을
싸구려로 내놓으니
반값이라도 주시려나?

밤안개

차선 없는 시골 도로
앞차의 위험 신호에
밤안개 속 서행한다.
오직 보이는 것이라곤
깜박이는 희미한 불
희미한 빨간불마저
보이지 않는 새벽길
잠시 길을 비켜
아침 햇살을 기다린다.
마지막 여행길에
한숨 돌리고 쉬었다
지난 일 그려 보면
이름이란 세 글자
꾸겨진 헌 돈처럼
상처 난 몸뚱이로
앞산에 동트기를
한없이 기다리네.

삶의 여행

삶이 곧 인생 여행이다
수많은 사람을 만나고 헤어지며
무수한 말들을 나누고
많은 기억으로 남기며
마음도 선악도 생사도
분별도 불법도 있고 없고 간에
종착역을 향하여 달리는
삶이란 기차를 타고
짧은 시간으로 인생을 여행한다.

마음을 한곳에 집착하면
그것은 곧 아집이다
종교이든 사랑이든 고집이든
성취한다는 욕구이든 깨달음을 구하든
한곳에 집착하고 헤어나지 못하면
그것은 곧 삶의 실패작이요
우물 안 개구리처럼
삶에 한 걸림돌일 뿐이다.

행복한가요?

삼천대천 세계의 수많은 별 중에
지구라는 별에서
대한민국에 사람으로 태어난 것으로
매우 감사하고 행복한 것이고
정성을 다하여 낳아 키워주신 부모님께 감사하고
이 아름다운 별에서 살아간다는 게
비교할 수 없는 축복이며 행복이다.

어느 사람들은 지지리 복도 없다 하는데
이 수많은 별 중에 지구에
사람으로 태어난 그것이
제일 복 많이 받아 행복한 것이다.
자고 일어나 오늘도 살아 있음에
감사하고 가장 행복한 것이요.

사는 대로

나는 누구이며 왜 사는가?
물어보는 당신 이름 그대로이며
먹고 자고 숨 쉬니까 사네

어떻게 하면 잘사는 것인가?
지금 당신이 살아가고 있는 것이
잘사는 방법이라

깨달음이란 무엇인가?
깨달아도 그만 안 깨달아도 그만
제행무상이요
이 골 아픈 일을 왜 생각하는지
도대체 몰라
바람처럼 구름처럼 그저 사는 대로
살다 가네

평상심이 도입니다

낮에 일하고
배고프면 밥 먹고
밤이 되어 졸리면 잠자고
사는 대로 열심히 살면서
이 몸에 가질 것 없으니
버릴 것 없고
해가 뜨고 지듯
우리도 살다 갈 것을
사는 대로 사는
평상심이 도입니다

나를 찾아 3,000리

물은 형체가 없고
사람은 마음이 없다.
불법이라고 따로 없다.
살고 있는 그대로가 불법이니
나를 찾아 헤매지 말고
지금 있는 그대로가 나인 것을

사람 살류~

화, 분노, 스트레스, 고라는 것은 우리 삶의 일상생활에서 항시 접촉하고 느끼고 사는 것입니다. 이것은 누가 나에게 주는 것도 아니고 잘못 인식되어 있는 내면의 마음에서 표출되는 것이라 봅니다.

줄이거나 없애는 법은 자기 스스로 잘못 인식되어 있다는 것을 알고 바로잡는 훈련이 필요합니다. 훈련 중에는 명상도 그중 하나의 방법입니다.

이 세상에 생물체는 똑같은 것은 하나도 없습니다. 서로 다르다는 것을 인식하고 인정하며 그럴 수도 있다! 내 생각이 나의 욕심에서 우러나온 것이라고 판단할 때 비로소 분노가 없어지는 것을 느끼게 됩니다. 화나 분노를 자주 내는 분이라면 실천해보시길 바랍니다.

제2부

마음

절이 따로 있나요

한국이나 지구상 모든 절은 하나의 건축물이지 절이라고 따로 있는 것은 아니다. 부처님상도 석재나 목재 등 재료로 형상을 만든 구조물일 뿐이다. 왜 사람들은 절이나 부처님상이나 탱화를 보면 경배하는가? 이는 절에 가면 부처님이 계시고 부처님 형상을 살아계신 부처님이란 마음으로 믿기때문에 불제자들은 경배를 올리는 것이다. 그래서 사찰도 따로 없고 불상도 따로 없으며 좋은 절도 불법도 마음에 있는 것이지 따로는 없는 것이요 모든 것은 결과는 하나일 뿐이다. 그러나 이 결과마저 없는 것이며 불법도 성불하는 것도 둘이 아니고 사람의 마음속에 있음이요 절이나 불상이나 불법이나 이 또한 같은 것이다.

연꽃 그리고 부처님

연꽃은 연꽃일 뿐이고
부처는 부처일 뿐이지
연꽃이 부처를 알 리 없고
부처가 나를 알 리 없으나
부처님의 불법을 내가 알려 하고
연꽃의 아름다움 내가 보고
부처는 부처이고 나는 나고 연꽃은 연꽃인데
이 모든 것이 본래 본질은 하나인데
그 본질이 하나임을 왜 모르는가?

나도 없고

부처도 없고 불법도 없고 영혼도 없고
생노병사도 없고
있는 것은 오직 지금 현실의 삶에
너의 마음에 있는 생각뿐
팔만 사천 법문으로
모든 남녀 무리를 속이지 말고
인생은 자연의 섭리대로
저 구름같이 뭉쳤다가 흩어지는 것
오늘 우리가 살아있음이 가장 행복한 것이며
오직 내일도 태양은 있을 뿐이다.

무상계

곱디고운 베옷 입고 꽃신 신고 가는 임아
이승의 짐 훌훌 벗고 고이 가소 정든 임아
사바고해 괴로움일랑 한강 물에 띄우고
지난날 맺힌 한 바람결에 흩날리고
지장보살 영접받아 서방정토 왕생하여
아미타불 친히 뵙고 부디 성불하고지고

태산준령 망망대해 세월 속에 변하는데
백 년 안팎 짧은 인생 생로병사 면할쏜가
부처님이 이르시되 사대육신 허망하여
인연 따라 태어났다 인연 따라 간다했소
지장보살 영접받아 서방정토 왕생하여
아미타불 친히 뵙고 부디 성불하고지고

오늘 잃은 이내 몸이 아깝다고 설워 마오
무명과 삼독의 색신을 훌훌 벗고
영롱한 의식으로 무상정례 받아 지녀
미타여래 뵈러 가니 이 아니 흔쾌하랴
지장보살 영접받아 서방정토 왕생하여
아미타불 친히 뵙고 부디 성불하고지고

여기

살아있다는 것은 행복한 것이고
이 세상 지금 현실이 곧 극락이며
제악막작 중선봉행(諸惡莫作 衆善奉行)
세 살 먹은 아이도 말은 할 수 있겠으나
여든 먹은 노인도 행하지 못함을 그대는 아는가!
인불사상(人佛思想)과 무아(無我)
두 바퀴로 법륜을 굴려 세상에 다가간다.
인불사상은 사람이 곧 부처라는 지론
무아란 '나는 없다'라는 비움의 실천
원각도량하처(圓覺道場何處)
현금생사즉시(現今生死卽是)
깨달음의 도량이 어디메뇨
지금 이 세상 바로 여기라네

삶이란 죽음이다

삶이란 죽음이고 죽음이란 삶이요.
이 모든 것이 하나다.
모든 인생과 만물은 무상하며
삶과 죽음은 변하는 과정에 있는
진행형의 상태의 현상이다.

나는 무엇이냐 하면
우주 자연의 섭리대로 이루어
형상을 만들었다가
변하는 과정의 원소들이다.

그리하면 마음은 무엇인가?
본래 없는 것을
모든 아리아식도 불법도
스님들의 독경도
너도나도 모든 분별도
본래는 없는 것
이 없는 것마저 없는 것

혼자 걸어가라

세존에게 너무 의지하지 말라
나는 나이고 세존은 세존인데
무엇이 세존의 마음을
안다 하는가
세존을 빌어
먹고사는 나도 아니건만
세존의 도를 깨우치고 못 깨우치고
영혼과 극락이 있고 없고 따지지 말고
눈으로 보는 것도
마음으로 느끼는 것도
내가 하는 것이고
대자대비한
평상심이 불도이니
세존을 너무 의지하면
언제 혼자 걸어갈 수 있으리오

준비(準備)

오늘 하루 삶은 곧 오늘 하루 죽음이다.
올해 한 해 살면 올해 한 해 산만큼
남은 삶이 줄어든다.
한해가 지나가 서운한 게 아니라
한해도 잘 계획된 대로 지나서
감사할 따름이다.
매년 감사한 마음으로 지나다 보면
죽음을 준비할 날들이 올 것이다.
준비된 자에게는
두려움이나 서러움도 없을 것이다.
저세상으로 떠날 때
그동안 삶에 후회 없고 부끄럼 없이 가려면
매일매일 해마다 이곳에서
현재 삶이 극락이고 천당인 것을
죽음도 잘 준비하여
편안한 마음으로 눈을 감아야 한다.
죽은 후에는 마음 쓸 것이 없다.
죽은 후는 아무것도 없으니까
단견이라 할지 모르나
거울 뒤에 실체가 없는 것과 같다.

일기일회(一期一會)

우리 인생의 삶은 단 한 번뿐이다.
천당이니 극락이니 미리 걱정할 것 없이
다음으로 미루고
우리들의 삶이
이삼천 대천세계 태어나 살다가
돌아갈 적에 아무것도 가져가는 것 없으니
모든 욕심 내려놓고
부처님이 말씀하신 팔정도를 닦고 닦아
생활 속에 간직하고 현실 속에 살다 보면
극락정토의 세계는 현실에 있는 것이지
죽어서 있는 것은 아니다.
단 한 번뿐인 인생 삶에
이 극락정토에서
아름답게 사랑하며 즐겁고 행복하게 살아가는 것이
인간으로 사는 최고의 삶이다.

생명(生命)

보통 생명체와 무생명체로 분류하는데
내 생각으로는 분류할 수 없다고 본다.
풀뿌리 하나를 봐도 엄밀히 따지면 하나이다.
불교에서 말하는 둘이 아닌 하나(不二)이다.

너구리란 생명체는 사랑하고
무생명체인 집을 받치고 있는
바위는 사랑하지 않는다면
우리는 살아갈 수 있겠는가.
이 세상에 너 나 우리 환경 이 모두가 하나이다.
물론 죽어가는 생명을 살려주는 것은 좋은 일이나
더 알면 산속의 바위 하나도 사랑하고
아낄 줄 알아야 할 것이다.

어느 스님에게 왜 돌이 이곳에 있느냐고 물었다.
물어본 참뜻은 불이라는 대답을 듣고자 함이다.
물론 질문에 대한 진의를 표현할 줄 몰라
육두문자로 물어본 것은 나의 큰 잘못이다.
어느 것 하나 형상이 있건 없건
서로 사랑하고 도와가며 살아야 하는 것이다.

지구의 종말은 오는가?

지구가 탄생한 것이 언제인지 모르나
부처님께서는 무상이라는 말로 표현하시었다.
이 우주상에는 사람이 나고 죽음과 같이
이 우주에도 많은 별이 탄생하고 사라져서 변할 뿐이다.
지구는 다른 별들에 비하면
뱃속에 있는 태아만도 못한 어린 생명체라 본다.

수억 만 년 후의 일을 지금 살아있는 우리가 생각하는
그 자체가 매우 어리석은 일이다.
사람의 일생이 백 년을 산다 해도
살아서 걱정하는 것도 많은데
수억 만 년 후에나 있을 지구의 종말을
생각하는 그 자체가 매우 어리석은 일이다.

지구의 지축은 수백억 년 동안
하루도 똑같은 적이 없다.
변하고 변할 뿐이다.
그래서 지구는 변할 뿐이지
종말이란 단어는 없다고 본다.

삶의 끝

숨 한번 내 쉬지 않으면
생의 끝인 것을
그 많은 시간을
이때를 위하여
열심히 생각하고
노력하고 살아왔건만
너무나 짧은 삶이 허망한 것
부귀도 명예도 사랑도 찰나인 것을
찰나의 인생을 보다 보람있게 살고 싶다.

무문관(無門關)

무문관(無門關)에 들어가서
화두에 집착하여
용맹정진하여 찾고 찾아본들
무엇을 찾을 건가?
나라는 것 여기 있네

시방법계 다 헤매도
찾을 대상 하나 없고
가는 세월 막지 못하니
이 아니 무상한가
여생 착한 보리 마음
모두 내어 살고지고

버릴 것이 없도록

영혼이 있고 없고를 떠나고
극락이 있고 없고를 떠나고
많고 적고 크고 작음을 떠나고
알고 모름을 떠나고
인생이 길고 짧음을 떠나고
가지고 안 가지고를 떠나고
악함도 선함도 없다 하였고
모든 것이 다 공(空)함이라
나라는 생각을 버리고
무엇에 얽매이지 말고 잠시라도
오직 석가모니 부처님의 말씀대로
보리 마음을 갖고 살아보면
조금이라도 마음이 편안하여질 것이라

가장 중요한 것

이 세상 무엇이 가장 소중한가요?
부귀(富貴) 영화(榮華) 명예(名譽) 권력(勸力)
모두가 아니다.
다만 나의 이 몸이 가장 소중한 것이요.
건강한 육체 건전한 마음 건전한 지혜

이 몸은 무엇인가?
자연의 섭리대로
부모로부터 받아 이루어진 몸
가장 소중한 것이니
잘 아끼고 보살펴서
간직하였다가
생명이 다하도록
존중하고 귀하게 생각하여
나와 타인을 위하여
봉사하며 사는 것이
득도하는 것보다 소중하다.

지금 우리는

당신은 어디로 가고 있나요?

세존께서는 대자대비한 마음으로
모든 생물은 다 공통되고 평등하니
나와 둘이 아님을 알고 큰 사랑으로
살아감이 마음의 근본이고
이 세상 모두가 하나라 하시며
죽고 삶도 따로 없음을 강조하셨습니다.

지금 우리는
어느 마음으로 숨을 쉬며
어떠한 마음 가지고 살아가고
보람있게 살고자 노력함이
불제자들의 마음가짐인가 합니다.

돌부처가 아기를 낳는다

콩나물이 나와 다른 점은 무엇이고
또한 나는 무엇인가를
17년 동안 쫓아다니던 어느 날
산속 나무 그늘 바위 위에 걸터앉아
하늘이 뻥 하고 뚫리는 소리와
눈 부신 햇살 한 줌이 나의 머릿속을 가져갈 때
들리는 소리 돌부처도 아기를 낳는구나. 아하하. 흐흐
그 수많은 세월을 왜 헤맸는가!
산골짝 흐르는 물소리가 다 불법이며
숲속의 바람 소리 극락의 풍악 소리인 것을
우주공간에 막힘이 없으니
내 눈 또한 할 일이 없구나.

기다림 그리고 점

오늘도 하루를 기다림으로
내일의 희망을 위함이리라
점들의 연결이 마음을 그리고
기다림의 연결이 인생을 그리고
나라는 점 하나로 자연을 이루고
기다림이란 희망이 인생을 이룬다.
오늘도 희망을 기다리며
인생의 점을 그어간다.
나라는 점 하나 뒤돌아볼 때
장편소설을 만들며
앞날의 기다림으로 인생을 말한다.

나와 네가 다르지 않은 것

우주의 자연법칙에 따라 사는 것
우주의 순리에 따라
자연으로 돌아가는 것
삶도 죽음도 본래는 없는 것이
모든 것이 구름이나 안개 같이
본래는 없다가 생겼다 없어지는 것
우리는 본래 이와 같으니
나와 네가 다 똑같은 것이
무엇이 다르다 하겠는가?

불도(佛道)

불도(佛道)란
공수래공수거(空手來空手去)인데
이곳에 살과 정신과 군더더기를 부쳐서
무(無)니 공(空)이니
다 따져도 다 부질없는 것
산골에 물 흐르듯 하는
평상시 내 마음이 불도인 것이지
불도(佛道)라고 따로 어디에 있는 것이 아니다.

배움은 끝이 없다

상중하 끈기가 없어도 열심히 노력하고
배우는 것은 죽도록 배워도 끝이 없는 것

다람쥐 쳇바퀴 돌려도 쥐장 안에 있는 것
예수도 석가도 공자도 나도 죽고
지구도 달도 우주의 진리에 따라 항시 변하고
깨달은 자나 못 깨달은 자나 한 문으로 가는 것

어떻게 사느냐보다 어떤 마음으로 사느냐가 중요하고
생각은 하는데 마음과 실천이 똑같지 않고

배가 고프면 먹고 싶은 게 당연지사
모르면 알고 싶은 게 사람의 욕심

꼭 한 번쯤

사람은 보통 먹고 일하고 자고를 반복하다 인생을 마감한다. 그 삶 가운데 어떻게 사느냐가 중요한 것이 아니라 어떤 마음으로 사느냐가 더욱 중요하다.

모든 사람은 지금도 삶의 마감을 향하여 쉼도 없이 가고 있다. 한 번쯤 나는 어떤 마음으로 살아갈 것인가를 심사숙고하여 가슴에 손을 얹고 지나간 세월을 생각하고 살아갈 앞날의 행복을 위하여 시간적 여유를 가지고 매일매일 노력해 볼 만하다.

그러면 나는 누구인지를 알 수 있을 것이라 믿는다.

등정각(等正覺)

만일 사람들이 깨우쳐
정각(正覺)에 이루었다 해도
그 마음 씀이 일여(一如)하지 않으면
모르고 사는 것과 같고
등각(等覺)을 이루어도
반야에 들 때는
모두가 다 평등(平等)한 것이요
부처님의 제자로 살려면
팔정도(八正道)를 잘 지키며
살아가는 것이 제일이지요.

정말 없다

사람이 어떻게 살아야 하는가.

나는 무엇인가.

삶과 죽음은 정말 아무 의미가 없는가.

이 허무(虛無)한 세상(世上)에 이왕에 살다가 죽으려면

그래도 무엇을 하다가 죽는 것이 보람 있을까?

혹 남을 것이 있을까?

정말 없다.

오매일여 몽중일여

사람이 잠을 자다 꿈을 꾸는 것은
우리가 살아있다는 사실로
머리의 뇌 활동을 한다는 것이고
잠을 깨어 생활한다는 것은
마음과 아리아식이 존재한다는 것이나
이 둘 다 뇌세포가 살아있다는 것을 증명합니다.

꿈은 꿈일 뿐이고
잠을 깨어 있음은 깨어있을 뿐이지만
불교의 선 공부에서 말하는
오매일여(寤寐一如)나 몽중일여(夢中一如)는
선문답으로 깊은 뜻이 숨어있는 말로서
자나 깨나 꿈을 꾸나 똑같은 것이냐
말로 물어본 것이라 생각합니다.

그리고 제 생각으로는 그 대답은 에
오매일여든 몽중일여든
정말 아무것도 없는 것은 같은 것입니다.

극락도 천당도

선함도 악함도 인간들이 만든 것
천당도 극락도 인간들이 만든 것
인간은 우주의 법칙에 따라
자연에서 왔다가 자연으로 돌아가는걸
굳이 맞고 틀림이 따로 있는가.
다른 동물도 영웅호걸이 따로 있던가.
만물의 영장이란 사람이 왜
이 시간에도 생로병사에 따라 무상하여
우주의 자연법칙으로 되돌아가는 것을
무수한 거짓으로 사람을 현혹하는가.
팔만 사천 법문이나
구약 신약 성서
공자의 모든 말들이
꿈과 같은 허망한 것
그저 공한 것을.
우리의 몸은 지금도 변하며
공한 곳으로 가고 있음이라.

두려운 것 없는 삶

지난 세월 원망하면 무엇하고
오지 않은 세월 걱정하면 무엇하고
내일 죽어도 원 없는 삶
오늘 하루도 건강하게 잘 지나감에 감사하고
먹을 것이 있으면 먹고 없으면 안 먹고
더 살면 무엇할 것이고
내일 죽는다고 해도 두려울 것 하나 없으니
살아 있으면 살아서 좋고
죽게 되면 죽어서 좋고
일하게 되면 일해서 좋고
모든 일이 좋은 것뿐이니
삼세(三世) 구세(九世) 십세(十世)인 것을
이곳이 극락이라오.
바람이 불듯
구름이 흐르듯
살다 보면 한 인생.
사는 대로 살다 가지요.

사람답게

불법을 공부하기 전에
우선 사람으로 태어남을 감사하고
사람으로 태어났으면
사람답게 살다가 가는 것을 먼저 알고
불법의 도리를 알아가는 것이 순서인데
사람의 근본을 망각한 채로
불법을 아무리 공부해봐도
팔정도의 의미와 살고 죽음의 도리를
이해하고 깨우치기 힘들 것입니다.
사람됨의 근본을 착실히 알고 살라는 것이
부처님의 가르침이며
수많은 법문으로 이야기하시었습니다.
팔만 사천 불경을 다 외우고
율법을 다 말한다고 해서
득도했다고 볼 수 없는 것이요
글자 한 자 몰라도 사람됨의 근본을 지키고
살다 죽으면 사람으로 삶이 뉘 부러울 것인가요.
이 세상에 사람으로 왔다가 가는 길에
무엇이 다른 사람보다 잘난 것이 있던가
한 번쯤 생각하며 사람답게 살아봅니다.

버리고 비울 것이 없다

태어날 적에 가지고 온 것이 없으니(空手來)
빈손으로 가는 것이(空手去) 당연한 일
불법이니 진리이니 도덕이니
지구니 우주니 배움이니
애당초 가지고 온 것 없거늘
버리고 비울 것이 무엇 있으리오.
현실 삶에 있는 그대로 살아 보다가
가지고 갈 것 또한 없으니
탐내고 욕심부릴 것 없음이라

무자화두(無字話頭)

생(生)도 사(死)도 무(無)하며
영생(永生)도 극락(極樂)도 무(無)하며
모든 것은 무상(無常)하고
유(有)와 무(無)가 상존하나 본래 같은 것
도(道)라는 것은 본래(本來)에 무(無)한 것
슬픔이나 기쁨이나 다 지나가는 것
사람이나 짐승이나 만물이 다를 바 없는 것
사람도 너와 내가 무(無)한 것
결국은 행(幸)도 불행(不幸)도 무(無)한 것
오직 당신은 당신대로 살다 온 데로 다시 가는 것

달마대사와 나

달마대사는 오래전 사람이고
나는 살아서 숨 쉬는 현존 인물이다
달마대사는 달마대사이고 나는 나다
내가 살아가는 동안에는
달마대사의 행실과 어록을 믿어야
삶에 편한 마음으로 사는 데 보탬이 될 것이다
그러나 사후에는 달마대사를 매우 혼쭐을 내려 한다
나를 속인 죄를 물어야 하니까
사후에는 정말 없다는 말을 왜 안 하여

확실히 깨달았다 해도

중생은 반드시 돈오돈수(頓悟頓修)를 하여야지
돈오점수(頓悟漸修)는 잘못하면 구렁에 빠져서
한곳에 얽매일 가능성과
무한의 악을 벗어나지 못할 수도 있다
자기 자만으로 자기 잣대로 남을 평가하는
과오를 범할 가능성이지요
사람은 죽을 때까지 배우고 닦아도
다는 모르는 법

죽으면 그만인 것을

불경을 모두 독파(讀破)하여
통달(通達)하고 깨달았다는 사람이나
낫 놓고 ㄱ자도 모르는 사람이나
사람이 살다 죽는 데는 다 같은 것.
알고 모르고 많고 적고
모든 것이 분별이 없으니
극락이니 영혼이니 환생이니
하는 말에 관심(觀心) 두지 말며
현 살아있는 세상에 모두에게 착하고
사랑하는 마음으로 사는 것이 극락이요
살아 있다는 것이 제일 큰 행복입니다.
이렇게 살다가 죽으면 그만인 것을
무엇을 또 바라는가요.

불자의 도리

마음을 닦아 깨달음을 얻는다고 하는데
사람이 비록 깨달았다 하여도
마음 씀을 어떻게 하고 사느냐가 중요한 것이지
조금 더 알고 모르고 못 깨달았다 하고는 중요하지 않다

사람의 마음이란 온화하고 편안하건
사납고 거칠건 아리아식이 살아있는 한
항시 무상한 것이니
어느 곳에 매어두려 함은 잘못된 판단이요

부처님 이후 선사님 조사님들도 사람으로 태어나
사람으로 생을 마감하는 것은 당연한 일
우리 불자들은 대자대비한 마음으로 행하며
현세에 충실히 사는 것이 도리입니다

잠시 불경을 덮어라

불경을 많이 알고 많은 조사들의 언행록을
많이 알수록 참선하는 데는 방해만 될 뿐인 것
빈 그릇에는 무엇이고 담을 수 있듯
갈림길에 서서 길이 많으면
가고자 하는 길을 찾기 힘이 드는 법
잠시 불경을 덮고
마음속에 있는 모든 알음알이를 다 버리고
나라는 것마저도 없애버린 후에
참선에 매진하여 무엇인가 얻은 후에
불경을 펴서 읽어보면 새로운 세상 같을 것이요

변하는 마음

우리는 참선하며
어떠한 마음을 가지고 사느냐를 공부합니다.
그 화두가 수없이 많을 수 있지만
결과는 아무리 등정각을 이루어도
만법귀일(萬法歸一)이며
수많은 불경을 다 외우고 통달하여도
사람의 마음은 항시 변하며
변하는 마음을 사람으로서
올바르게 살고자 함이 깨달은 마음입니다.
우주니 공이니 무니 윤회니 영생이니 극락이니
사람이 편하게 잘 살라고 하는 뜻에 불과한 것입니다.

영혼이 실제 존재하는가?

영혼이 실제 존재하는가?
모든 생명과 자연을 사랑하는
석가모니 부처님과 타 종교지도자들이
막돼먹은 인간들을 구제하는 방편으로
사람들이 서로 사랑하고 나누며 살 수 있도록
최소한의 인간의 가치를 부여하기 위해
유신론(有神論)과 윤회설을 강조한 것이라 사료됩니다.

유신론과 윤회설을 부정하고 싶은 마음은 없으나
유신론이 꼭 옳다고 확정지을 수도 없는 일입니다.
불교경전 반야심경에는 유신론을 부정한 듯하였으나
유신론도 무신론도 모두 무(無)와 공(空)한 것이며
정말 모두 없다는 게 제 소견입니다.

지옥과 무간지옥

왜 경전에서나 스님들의 말씀에
무간지옥 또는 지옥을 말하는가.
이는 우는 아기에게 울지 못하게 에~비 온다 하는 것과 같고
중생들의 방탕한 행동에 대한 경고의 목적이며
사람으로서 삶에 질을 향상하기 위한 방편이며
함 속에 든 돌을 금이라 생각하는 것과 같다.

성불 하옵소서

스님들께서 말씀하시길 평상심이 불법이고
이생이 곧 극락이라고 하시는 말을
진실로 깨우치고 알아듣기가 17년이 걸렸는데
평상심이 불법이라는 말속에는 석가모니 부처님께서
일생을 중생을 위하여 설법하신 위대한 마음을
총망라하여 가장 쉽게 설명한 법문이며
팔만 사천 장경을 모두 합친 말씀으로
가장 중요한 말씀이다.
오늘 부처님 오신 날을 맞으며
항시 불제자들은 부처님의 가르침에 잘 따라
평소에 가진 마음 행동으로 실천하고
모든 망상은 본래 없음이라
모든 분이 생사고해 벗어나서
모두 성불 하옵소서.

자만에 빠지면

불경 공부나 선 공부를 하다가
공(空)이니 무(無)에 집착하여
그 속에 빠져나오지 못하면
허무(虛無)와 공(空)과 무(無) 때문에
삶의 질이 엄청난 변화를 주게 마련이다.
정말로 나 이외는 보이질 아니하고
다른 사람은 업신여겨지고
진정한 선악의 도리도 모르며
부처님마저 보이지 않는다.
공부를 많이 하여도 나 잘났다고
목에 힘주며 큰소리치는 사람 중에는
자만에 빠진 자들이 있으며 그들은
하심(下心)의 참뜻을 잘 모르고
인즉시불(人卽是佛)이란 단어는 알아도
마음으로 알지 못한다.
부처님께서는 모든 생명을 사랑하시고
특히 사람을 구원하고자
일생을 희생하신 거룩한 분이시다.
그래서 우리는 나무본사아미타불(南無本師阿彌陀佛)이다.

깨우쳐서 뭐 할 것인데

생즉필멸(生卽必滅) 하는데 스님들이나 중생이나
등각(等覺) 한다고 결과가 달라지나요?
반야(般若) 들어갈 때 갈림길이 있든가요?
조금 마음의 준비가 편할 뿐이지요.
젊고 힘 있을 때 대자대비(大慈大悲)한 마음과
만물이 다 공평함을 알고
나누며 괴로움 없이
현실에서 사는 것이 제일이지요.
병들고 쇠약하면 누가 날 거둘 것인가요?
걱정할 필요 없네요.
이러나저러나 매 마찬가지.
이러면 허무주의라고 욕할지 몰라도
사실은 허무(虛無)하고는 아주 다른
우리 삶의 참 진리랍니다.

모든 사람아 속지 말라

부처님에게 속지 말고 먼저 간 선사들에 속지 말고
예수님이나 공자님에게 성현들의 말에 속지 말라.
사후세계의 지옥이니 영혼이니
천당이니 환생이니 하는 말은
우리 인생 사는데 모두 헛된 망상일 뿐
모두 돈망생사(頓忘生死)이며
일장춘몽(一場春夢)인 것이다.
그리고 나만을 고집하지 말고
우리란 말로 생각하고 현실에 충실하며
열심히 사는 것이 우리가 죽도록 할 일이다.
우리가 죽은 후에 일을 생각하는 것은 가장 어리석고
헛된 일이며 정말 가치가 없는 일이다.

다를 것 없다

중생이 성불한다고 무엇이 달라지나요.
중생의 삶이나 성불한 사람의 삶이나 매한가지지
인생이 삶이 마음이 편하게 살다가 가는 것이 중요한 것이지
참새 조잘거리듯 알고 모르고 문제 될 것 없고
세상을 사랑하는 마음으로 살아가면
마음 편하게 사는 것이다.

암흑세계

암흑세계에서
지구와 우주가 탄생하고
지구에서 생명체가 탄생하고
생명체 중에 내가 탄생하고
나는 다시 암흑세계로 돌아가는데
살아있을 때가 마음이고 부처인 것이지
사후에는 암흑세계로 가는데
무슨 말이 필요하던가요

애착(愛着)과 집착(執着)

종교에 집착함도 병이요
자식에 애착함도 병이라
인생 삶에 연연함도 그 또한 병이라
모든 것을 방하착 하면 불교의 교리가
내 마음속에 들어 알 것이요
경허 스님은 옛 분이오. 나도 옛사람 될 것을
무엇이 나를 유리창 속에 가두어 놓았는가
밖이 훤히 보여도 왜 나오지 못하는가
유신론이든 무신론이든 눈감고 뜨고 다를 뿐
팔만 사천 법문 글자 한 자 백지에 먹물 한 점뿐이라.

불꽃

불타는 불꽃을 보아라.
언제인가 연료가 다하면 불은 꺼질 것이고
꺼지면 불꽃의 형태가 어떠하였든 간에
불꽃은 사라지고 없다.
우리 인간의 삶도
생명이란 연료가 다하면
사라지는 불꽃 같아서
아무것도 없게 되는 것이다.
그러므로 지나간 날에 집착할 것 없고
오지 않은 미래에 걱정할 것 없음이요.
지금 있는 현실에 충실하고
대자대비(大慈大悲)한 마음으로 살라는
평상심이 불법의 도리이며
이러한 도리를 말씀한 것이 불경이며
불꽃 사라지듯 하는 것이 인생이라.
부처님께서도 진공공공(眞空空空)이라 말씀하심입니다.

중도(中道)

세존께서는 사후(死後) 이야기 중에
단견(斷見)이나 상견(常見)에는 말씀하시지 아니하고
무기(無記) 하였으며 중생(衆生) 제도하는 데만
모든 법문을 말씀하시었습니다.

그래서 불교의 본뜻은
사람이 살아있을 적에 행동하고 살아가는 마음가짐과
삶의 진리와 지혜를 말씀한 것이 불교의 가르침입니다.

이것이 곧 중도(中道)이며
생자(生者)를 위한 참된 불교의 가르침이며
인과응보(因果應報)를 말함이요
또 불생불멸(不生不滅)입니다.
사람이 살아 있어도 살았다 영원하다고 생각하지 아니하고
누가 죽어도 죽었다고 생각하지 않는 것입니다.

모든 불교 의식은
살아있는 사람(生者)을 위하여 만들어진 것이니
자기 마음을 다스러 자성종심기(自性從心起)일 뿐이니
단견(斷見)이니 상견(常見)이니 치우치지 말고
부처님과 같은 마음을 가지고 살아가는 것이 인생사입니다.

내세(來世)

스님들이나 신부님들의 말씀 중
사람들이 살아 나가는 모든 생활 방식에 대하여
행동이나 마음 쓰는 데에는 무한한 좋은 가르침이
수없이 많으며 인간이 죽음에 다다를 때
편한 마음으로 죽음을 맞이할 수 있도록
스님이나 신부님들이 신도들에게
도와주는 것이 가장 올바른 일이라고 생각하나
어찌하여 천당이다 극락이다 가상 세계를 만들고
인간을 현혹하여 마음을 괴롭히나요?
영생(永生)도 극락(極樂)도 무(無)하며
유(有)와 무(無)가 상존(常存)하나
본래(本來) 같은 것인데
만일 신도가 아닌 평민들은 사후 세계가 있다면
어디 극락 천당 구경하겠습니까?
편한 마음으로 임종할 수 없겠네요.

지금 이곳이

지금 현실이 극락이고
현재 행동함이 부처의 마음으로 행동함은
깨달음의 극치인 것을
부처와 법당과 불법이 따로 있던가?
현재 존재하는 나는 본래는 없던 것
지금 이곳이 극락이요 지금 당신이 부처이니
행동함을 부처님의 마음으로 하는 것이
가장 올바른 일이요

물고기 잡는 그물

그물코가 작고 가늘면
작은 고기는 잘 잡을 수 있어도
고래나 큰 고기가 걸리면
그물이 망가지는 법
물에 그물을 치지 않으면
걸림도 없는 법

그물이라 함은 사람의 마음 즉, 불심인 도(道)
작고 가는 그물코는 법문에 비유되며
작은 고기는 작은 깨우침 말함이요
고래나 큰 고기는 등각 즉, 부처를 이르는 말이고
물이란 본래 청정심을 말하며
물에 그물을 친다는 말은
본래의 마음에 법을 두지 않으면
모든 걸림 없이 대오각성할 것이라는 뜻입니다.

허공에 그림

불법이 무엇이라고
윤회와 영혼은 없다는 무신론이고
윤회와 영혼이 있다는 유신론이고
한 생각 어느 곳에 머무를 것 없다

인간은 잘나고 못나고도 없다
인간은 서로 높고 낮음도 없다
인생은 결국은 나라는 존재도 없다
이 세상 모든 것은 내 것이라고는 없다
시대에 따라 인간의 삶의 방식도 달라
선함도 악함도 없다
인간은 홀로 살 수도 없다

인생은 허공에 그림그리기며
오직 있는 것은 어버이의 자식 사랑과 같이
가족을 사랑하고 이웃을 사랑하고
세상 모든 것을 슬픈 것은 슬퍼하고
사랑하는 마음으로 서로서로
어우러저 살라는 것이
부처님의 가르침이라

영혼과 사후의 세계

정말 오랜 세월이 흐르는 동안 많은 사람이
사후에 극락이니 천당이니 영혼의 유무를 두고 논쟁하며
종교적 갈등을 만들어 왔다.

불교에서 말하는 극락세계는 정말 있다고 생각하는가?
이는 살아있는 자들의 마음속에 있는 것이며
불꽃은 연료가 다 하면 사라진다.
살아진 불꽃은 아무 흔적이 없듯
모든 생명체는 죽은 후의 윤회와 영혼은 없다.
그러나 전생 이생 후생 즉 삼생은 있다.

과학의 질량 불멸의 원칙에 따라
우리의 몸은 원소로 변화할 따름이다.
그래서 죽은 생명체의 영혼과 윤회는 없다.
새가 하늘을 날아도
허공에 발자국 남기지 않은 것과 같은 이치이며
마하반야바라밀다심경에도 진공공공이라 말씀하시었듯
세존께서도 사후에 영혼의 유무를 논할 의미가 없다고
말씀하심을 우리 불자들은 깨달아야 할 일이다.

그리고 깨달았다 할지라도
그 깨달음을 나의 마음에 간직하면

그 또한 집착되어 아집으로 변하니
깨달음마저 버려야
진정한 도리를 알게 될 것이다.
참으로 이 우주공간과 사바세계가
진정한 나와 둘이 아님을 알게 될 것이다.
둘이 아님을 알고 사는 것이
곧 극락세계가 아닌가 한다.

나라는 것은 없는 것

이 몸의 육체는 자연에서 생성된 원소 덩어리일 뿐이다. 모든 생각과 감각 아리아식은 후천적으로 지입 된 기능일 뿐, 일시 모였다 흩어지면 전등이 켜졌다 꺼지는 것과 같다.

지구에 있는 모든 생명체나 무생물도 같다. 나라는 몸이 흩어져 없어진다고 해도 우주상에서 아주 소멸하는 것은 아니다. 형체만 변경될 뿐이다.

우리 몸에 지입 된 가상현실은 형태가 변하면 소멸한다. 이것이 곧 나라고 생각하던 몸체와 생각이 변형되면 나라는 것은 없는 것이다.

변형된 나는 우주 내 자연 그대로 돌아가게 된다. 그래서 살고 죽음이 없는 것이다. 엄밀히 말하면 나라는 육체와 생각이 떠나면 본래 나라는 것은 없는 것이다.

마음수련

참 좋은 말이다. 나를 버리고 참나를 찾으면 온갖 것이 나 아닌 게 없으니 또한 너도 나요. 나도 너요. 이 세상 모든 분별이 눈 녹듯 사라지고 극락도 지옥도 선함도 분노도 부귀영화도 권력도 모두가 부질없는 망상이며 공(空)이라는 것을 깨닫기까지 참선으로 마음을 수련하여 이 경지에 이르면 모든 세상사가 참으로 달리 보일 것이다.

이 경지에 이르지 못한 사람은 이 말 하기가 보통으로 생각할지 모르나, 이 환희를 알 수 있는 기쁨은 말과 글로 표현할 수 없을 것이다.

올바른 정신(精神)이란

사람은 누구나 태어날 때는
순진하고 깨끗한 상태로 태어났으나
자라면서 사물과 생활환경과
부모의 유전적 요소에 따라 변화되어
자기주관(自己主觀)을 성립하게 됩니다.

올바른 정신이란
순수하고 깨끗한 상태를 말함이요
이 상태를 바로 불교에서 불성의 근본이라 봅니다.
자기주관(自己主觀)을 성립하게 되면
모든 기준을 자기에게 둠으로써
둘 혹은 나와 남, 이원(二元) 원칙이 성립합니다.

이는 곧 올바른 정신이 아닙니다.
불이(不二)라는 생각 또한
현실적으로 받아들이기 힘든 일입니다.
추상적인 사상이라 볼 수 있습니다.

물론 사람의 사후에는
불이(不二)라는 사상이 성립된다고 봅니다.
오늘날 우리는 올바른 정신을 가지고 사는가를
뒤돌아보면서 다시 한번 심사숙고(深思熟考)하여야 합니다.

어느 생각에 치우침이 있다는 것은
올바른 정신이 아닙니다.
어느 한 종교에 몰두한다는 것은
다른 편에서 볼 때는 바르다고 볼 수 없습니다.

그래서 불교에서 비우라는 용어가 사용됩니다.
비우라는 말은 어느 형체가 있을 때 비우는 것인데
그 비울 형체마저 없을 때 비로소
올바른 정신이라 할 수 있을 것입니다.
즉 순수하고 깨끗한 상태일 때의 정신을 말함입니다.

사람의 말과 행동

인간은 말과 행동으로
천태만상의 자기 본심인 성품을 나타낸다.
말은 칼보다 무섭고 어느 무기보다 강하다.
말로서 지식과 교양을 나타내며
착하고 올바른 사람인지
악하고 못된 사람인지 말 중에서 알 수 있다.

말이 많으면 말로 잘못할 일이 많아진다.
말과 행동이 일치하여야 사람의 근본이요 .
모든 좋은 일은 행동함으로써 인정받는다.
재물과 지식과 교양이 있어도 언행일치하지 않으면
참된 사람이 아니라 사기꾼에 불과하다.

선비와 선인 의인 성인은 말은 적고 행동이 앞서며
지식이 없고, 살기 어려워도 선비는
말이 적고 올바른 일에 행동으로 착함을 베푼다.
사람이 나서 행동함은 선천성이고
말은 후천성이므로 사람이 행동보다 말을 후에 한다.

모든 불교인이여
말로만 석가모니 부처님이 어떻고
팔만 사천 법문을 말하지 말고

조그만 행동이라도 실천으로 몸소 행하면
이것이 불법이요 불도이다.
곧 성불함이라 생각한다.

사람 중에는 말로는 청산유수인데
행동함이 없는 자는 말할 자격이 없는 자이다.
불교의 도리를 행동으로 실천하는 사람이 되어봅시다.

우리 사람은

우리 사람은 부처님과 공자님을 합한
선한 마음도 가지고 있는 사람이 있고
악한 사람 중에 더 악한 마음도 가지고 있답니다.

그럼, 나라는 사람은 악인인가요? 선인인가요?
선과 악의 구별은 나 자신만이 할 수 있답니다.

남의 선악을 구별하지 말고
나 자신이 선한 사람이 되고자
항시 부처님께 다짐하며 노력하여야 합니다.

혹시 불법은 모른다고 하더라도
나에게 있는 선한 마음을 굳건하게 가지고
하루하루 살다 보면 좋은 삶을 살아지겠지요.

우리 사람은 살면서 후회하는 일도 많지만
하루하루 참회하며 돌고 돌아
인생길 살아가는 것이 삶인가 합니다.

돈오(頓悟)

돈오(頓悟)란 아는 것과 깨우치는 것.

천 권의 책을 통달하여도 한 번 이치를 깨우치는(頓悟) 것만 못하고, 일생을 참선하고 공부하여 안다고 해도 눈 깜짝할 시간에 깨우치니만(頓悟) 못한 것.

불교(佛敎)의 도(道)도 아주 간단한 것인데, 물고기가 통발에 들어가 못 나오듯 사람들이 엉뚱한 곳에 마음을 두고 나오지 못하니 밤에 나방이 불길로 날려 드는 것과 같은 이치이며 문을 두고 유리창에 머리 부딪치는 벌과 같은 것.

짧은 생각이라 할지 모르나 세상사 모두 공(空)한 것이니 자신이 부처가 되어 현실에서 부처님 같은 마음으로 행동하며 사는 것.

평상심(平常心)이지. 그렇다고 공(空)과 허무 사상(虛無思想)에 빠지면 고생하지요. 단견외도(斷見外道)가 아닌 모두가 부처이십니다. 가 돈오(頓悟)입니다.

걸릴 것 없는 삶

　인간이 살아가며 환경이나 세대에 맞추어 모든 규제나 삶의 걸림이 많다. 불법도 법이다. 이 불법 또한 잘못 알면 삶의 걸림이다. 유무(有無)나 선악(善惡)에 혹은 도(道)에 관념(觀念)에 걸릴 것 없는 삶을 살아가는 마음이 진정한 자유자재의 깨우침의 상락인(上樂人)이다. 방탕인이 아닌 진정한 자유인은 자기를 다스릴 줄 아는 걸림 없는 삶을 살아간다.

일체유심조

선도 악도 지옥도 극락도 일체유심조.

오직 나의 남은 여생 행복을 위해 시아본사 석가모니불의 가르침대로 살다 보면 걸림 없이 한 줌의 흙이나 혹 자연 그대로인 것이지요. 이곳이 그 많은 중생이 바라는 극락정토인 것을.

너도 나도 자연도 바람도 구름도 모두가 하나이니 삼천대천세계가 불이(不二)이고 하나도 본래 있는 그대로 생사(生死)가 없는 진공묘유(眞空妙有). 그저 대자대비하게 사는 것이 사람의 삶이라. 해가 떨어진다고 달이 기운다고 해나 달이 달라질 것 없지요. 이것이 불이(不二)이지요.

마음으로 세상 둘러보기

눈으로 보지 않고 마음으로 보기로 한다면
사람 사는 세상 정말 요지경 속이다.
남자로 사는 세상 여자로 사는 세상 다르고
스님으로 사는 세상 군인으로 사는 세상
각종 직업마다 천태만상이다.

사람마다 다 다르고 동물마다 다 다르고
다른 그 속에는 모두가 똑같은 것이 더욱더 많다.
태양계 속의 지구에서 산다는 것.
아무리 잘난 척 해봐야
지구의 하루는 돌아가고 있다는 것.

이 세상 모두를 찾아봐도
정밀하게 보면 모두가 다른 것.
식물 동물 자연계에서는
서로 의존하며 살아가는 그것.
모두가 다 다른 속에 서로 같은 것이
더 많은 줄 알며 인정하고 살다 보면
온 우주가 하나가 될 때만이
마음공부가 제대로 되며
눈이 확 뜨일 때가 있다.

마음의 눈에는 허상이니 망상이니 참상이니 가상이니
이런 마음마저 모두가 몽상이라는 것.
사람은 지구상에 한 인간이란 동물로 태어났다가
자연의 순리대로 돌아가는 것.

말과 글로서 영혼이니 극락이니
아기들에게 사탕발림하는 방편문.
불경이니 성경이니 하는 것은
군인들의 장난감 총 같은 소리 하네.

고래는 고래대로 살고 짐승은 짐승대로
사람은 사람대로 산다.
자연에서 왔다가 자연으로 돌아가는 것.
불교도 성경도 유교도 모두가
사람으로 태어나
사람답게 살다 가라 했는데
사람답게 사는 방식이
자연의 순리대로
나만이 아닌 우리가 함께하는
공동체 방식대로 사는 것이 자연의 순리이다.

수처작주 입처개진(隨處作主 立處皆眞)

군인은 군복을 입고 군율을 지키고
스님은 승복을 입고 계율을 지키고
공무원은 공무원마다 법규를 지키고
직업인은 직업마다 윤리를 지키며 살아가는데

인생 삶이 백 년이라 하나 남가일몽이요
각자가 한 삶의 달인이라 하나
오고 가지 않는 세월도 막지 못하더라

나라는 존재는 흐르는 구름이요
스치는 바람이라
숨 쉬고 먹고 자다 가는 곳마다
나 홀로 살 뿐이다.

살아가는 근본

중생이나 스님이 팔만 사천 불경을 통달하여
성불하여 등각에 이루었다고
우리 인생의 삶과 죽음에 무엇이 크게 달라지나요.
불교도 인생 삶의 하나의 수단이지요.
왕생이니 극락이니 모두 헛된 말들
불경 차체도 모두 헛된 인생 삶의 하나의 수단이지요.
중생의 삶이나 성불한 사람의 삶이나 매한가지지
인생 백 년 살다가 삶의 뒤 돌아보면 처음 그 자리인 것을
불경 공부 많이 하고 똑똑하다는 임 중에도
헛된 감언이설로 부처님 말씀을 하면서 나오고
임종할 때마저 본마음 속이니 누구를 위함인가요?
인생이 삶이 마음이 편하게 살다 감이 중요한 것이지
참새 조잘거리듯 알고 모르고 있고 없고 문제 될 것 없고
세상을 살아가는 데 대자대비한 마음으로 살아가면
마음 편하게 사는 것이고 이것이 평상심이고
우리가 살아가는 근본이다.

거울 속에 비친 상이란

거울은 모든 사물을 있는 그대로 진실만을 비친다.
그러나 물체의 현상일 뿐이지 실체는 아니다.
우리들 인간의 삶도 또한 죽음이란 현실 앞에
그동안 살아온 인생이 거울 속에 비친 상과 같은 것이다.
실제의 물체가 사라지면 상이 있을 수 없듯이
삶이 끝나면 상은 없으나
뜻과 마음의 전달됨은 후대에 전달될 것이나
우리의 삶의 상은 사라져 없으나
우리가 살아온 마음과 뜻은
타인에게 계속 전해져갈 것이다.

세존의 마음을 불경을 통하여
열심히 이어받고자 노력하는 불자님들을 보라.
아무리 알기 쉽게 전하여도 알아듣지 못하니
참으로 애석한 일이다.
죄무자성종심기 시제법공상 조견오온개공도
(罪無自性從心起 是諸法空相 照見五蘊皆空道)
태산의 그림자 앞마당을 쓸고 가도 흔적 하나 없고
기러기 하늘을 날아도 발자국 하나 없네.

부처님이 무어라 해도

현실을 보라
지금 있는 나를
있는 그대로 보라
망상과 번뇌가 잠시라도
나를 떠나지 않는다

온갖 것 모두가 나와 함께 있는 내가
우리가 찾던 참나임을 알라
무엇이라 이름 지어 부르든
개념(槪念)하지 말고 악이든 선이든
나 속에 있는 것은 나일 뿐이라

나는 이제 버릴 것도
찾을 것도 바꾸려 하지도
번뇌를 끊으려 하지도 않고
가져갈 것도 없고
남길 것도 없으니
나인 그대로 함께 살다 갈 것이요
사실은 갈 곳도 없는데 뭐

행복

사람이 부처님이다. 이 세상에서 사람의 삶보다 더 위대한 것은 없다. 더 값지고 뛰어난 것은 없다. 보고 듣고 느끼고 알면서 삶을 영위해 가는 일보다 우선하는 일은 없다. 사람의 삶은 모든 것이며 모든 것에 우선한다. 그러므로 사람의 삶 그 자체는 가장 존귀하며 가장 소중하다. 그래서 사람의 삶이 곧 부처님의 경지며 조사의 경지다.

그렇다고 현재에 보고 듣고 알고 느끼고 하는 것에서 더 이상의 무엇을 뜻하는 것은 아니다. 바로 그것 자체가 삶의 모든 것이며 최상의 신통(神通) 묘용(妙用)이다. 무량공덕이며 무량복덕이며 무한지혜다.

그것 외에 다른 무엇을 부처님의 경지라고 생각하는 것은 머리 위에 머리를 하나 더하는 것에 불과하다. 머리 위에 머리를 하나 더하면 기이하고 괴상한 것은 될지언정 정상적인 사람은 아니다. 부처님이나 조사는 기이하거나 괴상한 존재가 아니다. 지극히 보편타당한 것이다.

이러한 위대하고 존귀한 사람으로 사는 삶을 살아가는 일 밖에 달리 또 무엇을 구한단 말인가. 무량복덕과 무한지혜를 누리면서 다시 또 무엇을 구하는가.

이러한 이치는 모든 사람이 평등하다. 그러므로 모든 사람을 부처님으로 받들어 섬겨야 한다. 모든 사람을 부처님으로 받들어 섬기면 나도 행복하고 그도 또한 행복하다.

꿈 속의 나와 지금의 나

밤에 꿈속에서의 삶과
낮에 현실에서의 삶은
인식에서 일어나는 허상(虛像)일뿐,
사실은 나라는 존재의식의 착각에서 일어나는
남가일몽(南柯一夢)과 동일한 것이다.

만물은 생자필멸(生者必滅)이요
만물은 서로 연기(緣起)되어 있으므로
불이(不二) 즉 하나이니,
우리의 하루는 꿈의 세계의 나, 무의식 잠든 나,
나라는 의식 속의 나라는 착각의 나
하루를 3으로 나누어 볼 수 있다.

그러나 이것마저도 몸이라는 허상과
의식이라는 아리아식이 혼백이 서로 분리되면
원상 복구되어 우주의 하나가 되듯
아침이슬과 같은 것이다.

전 우주가 나고 내가 우주인 것이요
내가 우주에서 왔고 우주로 돌아가니
불생불멸(不生不滅)이 따로 없다.

찰라

지금도 이 세상 모든 것은
우리의 관념으로 보기에는 항시 변할 뿐이다.
형상도 시간도 공간도
우리 인간의 개념에서 일어나는 헛된 것이다.

꿀벌의 집단생활이나 인간 혹 동물들의 생활도
생멸의 마음으로 보면 있어 보이나
사실은 물이 변하여 눈이 되었다 물로 혹은 나무로
무한히 지금도 쉼 없이 변하는 흐르는 물 같은 것.

우리가 죽음이라 하는 생명의 변화도
물이 구름으로 변한 그것과 같은 것뿐이지
애초에 죽음은 없는 것이라.
그래서 불생불멸이라고 확증할 수 있다.

밤과 낮

밤에는 어둡다. 이런 사실은 누구든 다 안다. 밤낮은 둘이 아닌 하나다. 그게 하루다. 하루가 모여 한 해가 되고 한 해가 모여 일생이 된다. 그러나 사람 중에는 낮이 좋다 밤이 좋다 서로 다르게 주장한다. 좋다는 것은 행복이고 싫다는 그것은 고통이다. 이렇게 분리해 생각하면 하루라도 행복한 날은 없다. 이 세상 모든 일은 밤낮과 같이 서로 상대적이다. 선악도 괴롭고 즐거움도 있다거나 없다는 것. 시간도 공간도 모두가 손바닥 같아서 손등도 내 손이요 손바닥도 내 손이요 밤도 낮도 오늘이라 생각하면 되는 것인데…… 현 사회의 정치가 사회를 동서남북, 남녀노소, 빈부, 농촌도시 등 4분 5열로 분열을 조장하는 어리석은 세대에 맞장구치는 현실을 보며 참으로 안타까운 심정이다.

물은 낮은 곳으로 모이는 것이라 생각하지만 돌고 돈다는 사실을 모르는가? 우리 사람의 일생을 행복하게 살아가자면 밤과 낮으로 생각하지 말고 오늘 하루라 생각하며 나와 너로 나누지 말고 우리 가족, 우리 동네, 우리 사회라 하다 보면 서로 더욱 행복을 나누며 살아질 것이다. 잠시 눈앞의 이득은 차후에 재앙이 될 수도 있고, 지금의 고통은 다음의 행복의 근원이 된다오. 젊어 고생은 사서도 하는 법, 밤도 하루요, 손등도 내 손, 생각을 바꾸면 매일매일 행복하다.

불교 공부

내 평생 절에서 많이 살면서
천수경 금강경 법구경 등
경문을 닥치는 대로 읽었습니다.
인도자 없이 나 혼자 배우다 보니
시행착오도 많았습니다.
선 공부한다고 17년간 새벽잠 안 자보기도 하고
영혼의 유무에 관하여 심취하기도 하고
단견(斷見)에 빠져 보기도 하고
잘못된 공사상 허무주의에 잠겨보기도 하고
불이(不二) 사상 흠뻑 취해보기도 하고
인즉시불(人卽是佛) 사상에
나눔으로 곤경에 처하기도 하고
이러한 시행착오 때마다
나는 깨달았다고 생각하였습니다.
그리고 실천하며 바른 생각이라고 굳게 믿었습니다.

지나고 보니
이는 숲을 보되 나무를 못 보는 격이고
나무를 보되 숲을 못 보는 식이며
인간 삶에 늙은이 심정은 늙은이가 알고
환자 심정은 환자가 안다고
경험한 사람은 알 줄로 믿으며

이러한 경험은 많은 변화를 주었습니다.

부처님께서 사람이 살아가야 할
마음가짐과 생활해야 할 도리를
인간에게 전달하고자 하는 큰 뜻을(숲) 먼저 알고
내가(나무) 살아가는 도리를 지키며 사는 것이
불제자가 해야 할 마음 자세라 봅니다.

마음가짐을 가르치기 위해 팔만 사천 경문으로
우리를 인도하였다고 봅니다.

중생의 마음을 보라

중생의 마음을 보라.
불교에 집착함도 아집이다.
불교를 떠나서 세상을 보아야 내가 바보인 줄 안다.
지구 그리고 우주에는 많은 신앙과 신념이 있다.
사람이 삶에 어떤 마음으로 살아가야 한다는
생활 방식과 마음자세를 말한 것 중의 하나가
불경이고 불교인 것이다.

우리는 밥만 먹고 못 살고
물도 공기도 사랑도 있고
모두가 자연환경에 적응해야 살아가듯이
불교만 바라보는 것도 하나의 편향이고
중생들의 마음가짐도 자세히 살펴서
중생들이 편안하게 살아갈 수 있도록
보살피고 이끌어주어
행복하게 살아가도록 노력을 다하는 것이
어느 종교 지도자들이든 간에 하여야 할
가장 근본 된 마음가짐이라 생각해 본다.

부처님이 따로 있나?

절에 가면 많은 부처님의 형상이나
탱화들이 있지만 부처님은 아니다.
사람이 일상생활에서 만나는
모든 분이 부처님이시다.
인즉시불 즉 심즉시불이라 말하기도 한다.
가족, 이웃, 더 나아가 우리
모든 자연계가 연관되지 않은 것이 하나도 없다.
이 중에 나를 이롭게 하든 안 하든
내가 생활하고 살아가는데 필요한 요소들이다.
달에 가서 나 혼자 살아간다고 생각해 보자.
참 참담할 것이다.
그래도 아등바등 싸워가면서래도
지금 지구상에 살아가는 것이 얼마나 행복한가?
그래서 모두가 존경받을 부처님이다.
내가 석불 앞에 부처님이라 믿고 절하느니
내 부모 형제 이웃을 부처님같이 믿고
법당의 석불같이 절하며 모서보면
모두가 부처님이지 부처님이 따로 없다.

무신론(無神論)

칠견(七見) 중의 하나인 단견(斷見)에 치우치면
부처님의 인간 구제에 대한
불교의 진실한 의미를 알지 못할 것입니다.
무신론이나 유신론이나 윤회사상도
모두 인간 삶에 하나의 방편일 뿐입니다.
불교 초입자들이 잘못하면
단견(斷見) 무신론(無神論)에 몰입하여
깨우쳤다는 생각에
부처님이 우리에게 전하고자 하는 진실인
인생 삶에 대한 가르침을 왜곡할 때도 있습니다.

허탈(虛脫)

하루에도 한두 번은 죽고 살고 반복하고
나의 몸속에도 삶과 죽음이 반복되며
어제의 나는 오늘의 내가 아니고
마음 또한 동쪽 남쪽 없음이고
지금의 나는 살아 있음도 아니고 죽어있음도 아니니
이 또한 생사고해(生死苦海) 헤맬 이유 없음이라
삶도 없고 죽음도 없음이요

불경 중에

마하반야바라밀타심경에
무신론(無神論)인듯 하지만
불교의 본 진의는 현실 생활에
삶의 질의 방향타를
가장 적절하게 제시한 생활철학으로
유신론(有神論)도 무신론(無神論)도 아닌
영원불멸의 과학이며
자연과 우주의 진리를
이천오백 년을 지나는 동안
많은 스님과 학자들이 연구한
논문이나 경험담이다.

잘못 알면 무신론(無神論)에 치우칠
우려가 매우 크지만
우리 인간이 살아감에
어떠한 마음으로 살아가야
현명하고 편안한 일생을 보낼 수 있는지
가르침이며 생활철학이다.

그래서 팔만 사천 법문인 불경은
우리들의 삶을 어떠한 마음으로 살아가라는
지침서이며 방편문(方便 門)일 뿐이다.

득도(得道)한다 혹은 깨우친다는 것은
어떠한 마음으로 살아야 한다는 것을 알고
삶을 실천하며 살아갈 때
진실한 의미가 있는 것이다.

그것이 우리라오

그것이 우리라오.
알고 보면 알 거 없는 인생 삶
불경에 통달해도 오늘 하루는 하루고
내가 안다고 큰소리쳐도 결과는 공(空),
팔만 사천 법문도 하나의 방편(方便),
마음 편히 숨 쉬고 먹고 입고 자고
오늘 하루하루 죄 없이
나와 남을 위하며 살다가
마음 편히 죽는
그것이 우리라오.

우둔(愚鈍)과 지혜(智惠)

우둔한 사람은 부정적 사고로 생각하고
지혜로운 사람은 긍정적으로 생각한다.
예를 들어 오늘을 살아가며
지혜로운 사람은 행복한 오늘이라
극락(極樂)에 살고
우둔한 사람은 왜 나만 괴로워 하며
고통(苦痛) 속에서 살아간다.
사후에 극락에서 사느니
이왕이면 살아서 지금
극락에서 사는 것이 더 행복하다.
사후 극락이나 지옥이 있고 없고는
사후에 따져도 될 일
다만 오늘 하루 행복하게 사는 것이
지혜로운 사람이다.

애고애고 오호통재라

나는 무엇인가?
흘러가는 구름이다.

참선하여 무엇을 얻을 수 있나?
잘못하면 정신병 걸리거나 망상에 헤맨다.
먹고 자고 일하고 웃고 우는 것이 다 참선이다.

불도란 무엇인가?
사람 사는 것이 도 아님이 없다.

신은 있는가?
가장 어리석은 사람이 살아서 걱정도 많은데
죽은 후까지 걱정한다.
영혼이니 왕생극락이니는 죽은 후 걱정하라.

극락은 있는가?
극락은 살아생전 현실 속에 있는 것이지
죽은 후 극락은 없는 것이기에
왕생극락이라 하는 것이다.

사람은 환생할 수 있는가?
살아 있는 사람의 생각 속에 있는 것이지

육도 환생이나 환생은 중생을 구제하기 위한
하나의 방편문이다.

불교에서 중도를 중요시하고 실천하며 사는 이유는?
어느 한쪽에 치우치지 아니하고 팔정도를 실천하며
집착과 분별을 떠나 무와 공의 경지의
도리를 이루기 때문이다.

미륵불은 있는가?
미륵사상은 즉 미래불이다.
지금도 있고 다음 해도 있고 앞으로 올해도 있다.
단 사람의 마음으로 알지 못하며 보지 못하기 때문이다.
많은 사람이 미륵불이고
지금도 우리는 그 큰 은덕을 입고 산다.

이런 뜻을 잘 모르고 사는 사람이 있으니
애고애고 오호통재라.

천수경(千手經)

천수경(千手經)에는 제일 먼저
정구업진언(淨口業眞言)이란 뜻 있는 경문이 있는데
이 문구를 저 혼자 생각나는 대로 적어봅니다.

여기 제가 말하고자 하는 이 글은
경문 해석과는 판이한 생각입니다.

사람이란 우주 공간에 한 물체인 통과 같아서
통에 비교하여 말하자면
보통 사람들 말 중에
밥통 쓰레기통 혹은 물통 약통
고집통 오줌통 똥통 등의 말들 합니다.

만물의 영장이라 자칭하는 사람이 되었으면
사람의 몸 즉, 통(마음) 속에
무엇을 담아야 하는가를 알 것입니다.

물을 담으면 물 냄새가 날 것이고
욕을 담으면 욕 냄새가 날 것이고
탐욕을 담으면 탐욕 냄새가 날 것이고
오물을 담으면 오물 냄새가 날 것입니다.

사람은 말로서 냄새를 풍기게 마련입니다.
그래서 업(業)이라 함은
우리 마음속에 무엇이 들어있는가를 알 수 있는
이것을 업(業)이라 생각합니다.

그래서 천수경(千手經) 속에는
제일 먼저 정구업진언을 말씀하였는가 합니다.

사람의 입은 냄새(業)를 풍기는 제일 중요한 곳이지요.
우리 마음의 통속에 좋고 선하고 사랑을 담으면
사랑 냄새가 날 것입니다.

이 좋은 공간에서 좋은 업(業)을 담아
사랑스런 말로서 냄새를 풍겨봅시다.

불도를 깨우치는 방법

당신이 알고 있는 모든 것
관념 이름 지혜 불법 모두 다 비우고
한 살 먹기 전에 똥오줌 못 가리고
엄마 아빠도 못 가릴 때로 돌아가
그 아기일적인 나를 생각하면
그때가 부처였음을 알 것이요
담을 그릇을 비운다 생각하지 말고
그릇 자체를 없애면
모든 것이 다 그릇됨을 알 것이요
당신이 지금 알고 있는 것은
모두가 허상일 뿐이고
진공묘유(眞空妙有)가 아닌
마하반야바라밀타심경에
진공공공(眞空空空)이라고 하였습니다.
당신이 나라고 생각하는 것은
본래는 없던 것이며 죽어서도 없을 것이요
그러나 현재 있는 그 몸과 마음이 부처이고
불법임을 알면 깨달음이라 할 것이요
인즉시불(人卽是佛)이지요.

나의 반야경

누구든 죽음 향하여 살아갈 시(時)에서
죽음 앞에서 나의 오온(五蘊)을 생각하여보니
모든 도(道)와 고액(苦厄)도 공(空)함이요
형상이 있는 것이나
형상이 없는 것도 다 같은 것이요
시간도 공간도 없는 것이요
모든 느낌도 없으며
모든 법(法)도 없으며
나고 살고 죽음도 본래는 없는 것이고
모든 삶과 생각이 하나의 허상(虛想)일 뿐이며
모든 것이 본래(本來) 그대로 있을 뿐이고
이 진실을 아는 것이
최고의 경지에 오르는 상법이고
그러므로 우주에게 감사해하고
모든 만물에 감사해하고
모든 생명체에 사랑으로 보답하는 것이
사람이 할 일이니
매일매일 감사하고 사랑하며
이를 잊지 말길 바라며
이 세상에 가장 좋은 주문은
아제아제 바라아제 바라승아제 모지사바하
세 번 이상 독송하는 깃이오.

나는 속았다

나는 처음에는 석가모니 부처님과 조사님 선사님들의 수많은 말씀 중에 영혼과 영생이란 말들로 나는 속았다.

그러나 나는 속았다고 후회하지는 않는다. 왜냐하면 굶주린 병사에게 한 고개만 넘으면 식량이 있다고 말하듯 모든 중생을 위하여 영혼이나 영생이란 말을 할 수밖에 없는 심정을 지금은 이해한다.

그리고 천도재니 영가니 하는 것도 하나의 방편에서 파생된 수단으로 보아야 한다. 팔만 사천 법문과 영혼이나 영생이란 방편으로 모든 중생을 구제하고자 하신 석가모니 부처님과 조사 선사님들의 높은 뜻을 존경하며 경배를 드립니다.

지금 현실 또한 지나간 허상이 될 것이며 인생 삶 자체가 구름 같은 것, 하루하루 충실하고 열심히 살다 보면 어디에도 걸릴 것 없도다.

부처님께서는

부처님께서는 일생을 중생을 위하여 설법하시고도 열반하시던 날 나는 한 법도 설 한 바 없다고 하신 말씀은 우리 사람들의 마음속에 악을 다스리기 위한 그동안의 설하신 법문을 부정한 듯하나 사실은 저의 생각으로는 열반의 세계에 가면 선악도 없는 진공(眞空)의 길로 간다는 뜻도 함축되어 있다고 봅니다. 그리고 부처님께서는 더 나아가 영생이라는 말씀으로 인간을 구제하고자 하신 진의가 엿보입니다.

토속신앙과 불교의 만남

우주 속의 자연에서 인간으로 적응하며 살아가는 것이 가장 현명한 일이라 생각이 든다.

산신제 또한 우리 인간으로서 우주의 질서와 자연을 소중히 여기고 순응하며 살아가라는 깊은 의미라 생각한다.

불교에서의 산신제란 신을 믿는 것이 아닌 자연과 우주 순환의 법칙을 강조함이라 보고 자연 훼손의 경각심을 강조하고자 우리 조상들의 지혜와 불교사상과의 만남이라 생각한다. 하여 산신제나 용왕제가 자생적으로 발생하여 지금까지 이어온다고 생각한다.

인생은 매우 짧은 것이란다

사람은 삶에 있어 나라는 것을 한 번쯤 생각할 여유를 갖는 것이 중요하다. 나는 어디서 왔다가 어디로 가는가, 나는 또 누구인가, 나의 마음이란 무엇인가를 생각하고 그동안 살아온 날들을 뒤돌아보면서 잘한 점 잘못된 점도 돌이켜보라.

사람은 부모로부터 태어나 지금 형체인 나를 이루고 있다. 나라는 것은 조상으로부터 이어받은 몸과 마음으로 이루어 살아간다. 사람이 살아감에 궂은날도 있고 맑은 날도 있다. 궂은날일 때마다 사람의 근본을 부정한다면 매우 고달픈 삶을 살아간다. 무엇인가를 기다리기보다는 어느 곳이고 나의 선 자리를(현 위치를) 생각하고 모든 조건에서도 헤쳐 나갈 수 있는 굳은 마음으로 힘을 다하면 못 이룰 것이 없다.

잘살고 못사는 것은 본인의 마음 먹기 나름인데 행복의 근본은 우선 나보다는 나의 가정과 내 가족 친지 이웃을 생각할 줄 아는 넓은 아량으로 살아감이다.

성철스님의 열반송

[성철스님의 열반송에 대한 생각]

1. 생평기광남녀군(生平欺 男女群)하니
거짓말인가 방편인가요
한 사람이 개를 잡아먹으려고 따라오는데
개가 자기 집 마루 밑으로 들어가 숨었는데
개 잡으러 온 사람이 개 보았느냐고 물어볼 때
개를 못 보았다며 우리 집에는 없다고 말하면
거짓말인가 방편인가로 생각하여보듯
한 생명을 살리기 위하여 한 말의 뜻이듯
성철스님 말씀 속에는 거짓말이 아닌 방편의 말씀으로
남녀의 무리를 평생 속여서라는 말로 생각하며

2. 미천죄업과수미(彌天罪業過須彌)라
위와 같은 많은 방편문으로
사부대중의 행복한 삶을 위하여
내 생애 동안 한 말이 거짓말이라면
이 또한 큰 죄이니라 라고 생각되며

3. 활함아비한만단(活陷阿鼻恨萬端)이여
윤회와 영혼설을 설법하심이니
이는 영혼도 지옥도 극락도 없다고 강조하고 있으며

만약 있다면 나도 갈 수 있다고 하신 말씀 같고

4. 일륜토홍괘벽산(一輪吐紅掛碧山)이로다
저 산에 붉게 걸린 태양은
성철스님의 자신을 표현한 것인데
태양을 비유한 자연의 이치를 설하심이요
인생의 나고 죽음이 해가 뜨고 짐과 같다는 뜻이라
자연이 나고 내가 자연이란 것을 설하심인가 합니다.

[성철스님 열반송]

생평기광남녀군(生平欺狂男女群)
미천죄업과수미(彌天罪業過須彌)
활함아비한만단(活陷阿鼻恨萬端)
일륜토홍괘벽산(一輪吐紅掛碧山)

거두절미(去頭截尾)하고

거두절미(去頭截尾)하고 무한(無限)한 불교 경전과 선사들의 어록은 우리 인간들의 삶에 살아가야 할 가르침에 불과한 것이다. 아무리 가르쳐도 배우는 사람의 마음에 달려있듯 사람이 살아가는 데는 본인이 마음대로 행동하고 살아가다 죽는 것이다. 사람이 살다가 죽는데 어떻게 죽어가느냐 결정은 본인이 한다.

부처님이 깨달은 것은 모든 만물은 나와 같으니 내 몸처럼 아끼고 사랑하며 살다가 죽어가는 것이 인간이 해야 할 참된 것이란 말들이다.

아무리 수십만 권의 불경이라도 이 뜻은 통한다.

아제아제 바라 아제 바라승아제모지 사바하

아제아제 바라 아제 바라승아제모지 사바하

어제는 어제고 오늘은 오늘

어제 경험했던 마음, 오늘도 같은 마음을 경험할 수 있을 까요? 어제는 어제고 오늘은 오늘입니다. 어제와 오늘이 다르지 않다고 하지만 지금 이 시각은 이 시간의 감정과 생각이 다르므로 항시 마음은 무상한 것 그 자체가 불심입니다. 현실에 충실해야 불자의 근본이라 생각합니다.

불교는 신만을 주장하지는 않습니다. 무상한 마음을 받아들여 현실에서 대자대비한 마음으로 모든 자연과 인간에게 마음 편히 이롭게 살고자 하고 살다가 죽음으로 자연의 이치를 설하고자 노력한 것이 불교의 도리이며 마음이 무상함을 있는 그대로 받아들이는 것이 우리들의 삶입니다. 어제의 경험과 오늘의 경험은 같을 수 없습니다.

그러므로 팔만 사천 불경도 오늘의 내 것은 아닙니다. 참고 자료이고 선각자들과 세존도 나는 될 수 없습니다. 출가자이건 세속인이건 상하도 유무도 마음마저도 없는 곳으로 가는 것이 오늘의 나인 지금의 현실입니다.

무무역무 개시허망(無無亦無 皆是虛妄)

하늘에 나는 새는 오고 간 자욱이 없으며
모든 만물은 수없이 변해도 처음과 끝이 없어라
일시무시일 일종무종일(一始無始一 一終無終一)

하물며 인간 삶이 불생불멸(不生不滅)이라 하는데
어찌 극락과 지옥이 있겠는가?

여기 한 물건이 있으니
생각도 아니고 마음도 아닌 이 몸뚱이도
범소유상(犯所有相) 개시허망(皆是虛妄)
약견제상비상(若見諸相非相)인 것이요.
이런 글 자체도 무무역무(無無亦無)라.

오직 오늘 지금 이곳이
무상정등정각(無上正等正覺)하여 극락정토(極樂淨土)이고
나뭇잎에 스치는 바람이 곧 나인 것을
어찌 내가 있다 없다 하는가?
그래서 모두가 무무역무(無無亦無)라.

연(蓮)못에 빠져 보고

연(蓮)못에 빠져 시궁을 만져보고
물속을 안다고 소리치니
심해의 깊은 바닷속을 안다고 하지 말라

부처님께서
공이라는 연(蓮)못에 빠져서
허우적거리는 미숙한 사람을 위하여
저 깊은 바닷속에다
관세음보살과 보현보살을 시켜서
소원성취라는 보물을 가득 놓았으니
불경이란 해도를 찾아서
열심히 따라가면 소원성취 이루어서
참된 사람 될 것입니다.

탄생일

사람들은 석가모니나 예수그리스도 혹 마호메트 공자 등의 탄생일을 매우 중요시하는데, 이분들 때문에 일생을 생활하는 분들 말고 우리 중생들은 부모님이나 가족들의 탄생일이 더 중요함을 모르고 소홀히 하는 것은 매우 잘못된 일입니다. 우리에게는 부모님이나 가족, 이웃이 더 중요함을 알고 불자들만이라도 소홀히 하는 이런 일이 없길 바라는 마음입니다.

정구업진언(淨口業眞言)

수리수리 마하수리 수수리 사바하

불경에서 가장 중요시 하는 문구임에도 왜 사람들은 등한
시하는가요? 팔만 사천 법문의 기초이며 반야의 지혜에 도착
하기 위하여 깨달음으로 가는 가장 큰 다리임에도 불구하고
불자들은 이 문구도 잘 실천하지 않으며 다른 경문의 공부가
깊다고 목에 힘을 주고 어깨를 으스대는 것이 꼴불견일 때도
있습니다. 하나부터 알아야 백을 알듯 불경의 기초부터 알고
실천할 줄 알아야 불제자가 할 일인가 합니다.

타화자재천(他化自在天)

　한 많은 이 세상 살아 와 보니 이제는 그리도 찾아다니던 타화자재천(他化自在天)이 숨 쉬는 코끝에 있는 지금 이 자리이며, 나도 없고 남도 없고 천상도 없고 지옥도 없고 생사도 없는 여기 이 자리가 바로 그곳. 나 따라 이곳 혹 와 보실까요 적멸보궁 뒤뜰 삼천대천 세계가 발밑에 구름이네요. 구경 한번 해보시지요.

천진불

돌 된 아기 마음처럼 내 마음속에 부처까지도 버리고 나야 참나를 볼 것입니다. 그래서 조사님이 부처를 보면 부처를 죽이라는 큰 뜻이요 허함이 아니고 공함입니다. 그래서 아기가 천진불.

죽음

각 종교인이나 무종교인들이든 어느 인종이나
살아 있는 생명체는 반드시 죽음을 맞이한다.
각종 종교인만 영혼을 논하고
무종교인이나 각종 생명체는 영혼을 논할 자격조차 없는가?
아니다. 윤회사상이니 극락 지옥 영생 천국 이런 말들은
죽음을 두려워하는 인간이 스스로 만들어낸 생각들이다.

실제로는 윤회사상이니 극락 지옥 영생 천국은
우리 인간들의 살아가는 현실 속에 행복한 삶을 위하여
하나의 비행기 같은 발명된 필요한 도구일 뿐이다.
필요한 도구는 잘 사용하도록 노력하고 연습하여야 하지만,
모든 도구는 필요하지 않으면, 옷이나 육체처럼 벗어버리면
죽음의 두려움에서 벗어날 수 있다.

영혼이 있다 없다 논쟁할 값어치가 없는 것이다.
우리네 인간의 삶에서 다 벗어버리면
삶의 지혜나 도구도 쓸모가 없는 것입니다.
그래서 윤회사상이니 극락 지옥 영생 천국은
결국은 폐기될 도구일 뿐입니다.

천부경(天符経)

우리 민족(民族)의 긍지(矜持), 천부경(天符経)

일시무시일 석삼극 무진본(一始無始一 析三極 無盡本)
천일일 지일이 인일삼(天一一 地一二 人一三)
일적십거무궤화삼(一積十鉅 無匱化三)
천이삼 지이삼 인이삼(天二三 地二三 人二三)
대삼합육 생칠팔구(大三合六生七八九)
운삼사 성환오칠(運三四成環五七)
묘연만왕만래(妙衍萬往萬來)
용변부동본(用變不動本)
본심본 태양앙명(本心本 太陽昂明)
인중천지일(人中天地一)
일종무종일(一終無終一)

여기에 있는 81자는 우주 만물의 근원과 철학과 수의 개념이
들어있는 우리 인간이 삶에 모든 이치가 함축되어있는 우리
민족이 세계만방에 자랑할 수 있는 고유의 문화 자산이다.

절에 가면

스님 말씀만 다 옳다고 믿지 말아요.

불교 공부는 나 혼자 하지 말아요.

코에 걸면 코걸이 귀에 걸면 귀걸이입니다.

불법을 알기란 백천만겁난조우(百千萬怯難遭遇)입니다.

일상생활에 마음 착하고 모두가 평등하고 선하게

열심히 사는 것이 불법의 진리입니다.

사람이 살다가 죽는 것은 자연의 이치입니다.

죽은 후에는 모두가 무(無)입니다.

이것이 원해여래 진실의(願解如來 眞實義)입니다.

한국 사람은 밥을 좋아합니다.

그러나 과식과 과욕은 해롭습니다.

속 시원함

고속도로에서 화장실 가고파 참기 힘들 때
휴게소 화장실 다녀오면 그 개운함은
어찌 말과 글로 표현하리오.

생평기광남녀군(生平欺狂男女群)
미천죄업과수미(彌天罪業過須彌)
활함아비한만단(活陷阿鼻恨萬端)
일륜토홍괘벽산(一輪吐紅掛碧山)

나의 일생에 위 성철스님 열반송을 읽게 되었을 때가 제일
속 시원하였습니다.

제3부

하루

하루

아침 5시에 부부가 일어나 목욕을 하고 6시 반에 일곱 가지 산채와 삼색 과일, 백설기, 초, 향, 쌀, 보시 금을 준비하여 절에 가서 시방삼세 시아본사 석가모니 부처님께 공양을 올리면서 인생의 삶에 어떻게 살아야 한다는 가장 큰 교훈을 남긴 세존의 뜻을 따라 살아갈 수 있도록 변함없는 마음을 가지고자 불경을 외우며 수 없는 예배를 드리고 다짐하였더니 오늘 일과가 참으로 뜻있는 하루인가 합니다. 매일매일 하고 싶은 오늘이면 좋으련만 마음과 행동이 함께할 수 없음이 안타까운 심정입니다.

옛 설날은

설날 아침 6시경에 일어나 검정 고무신 솜바지 저고리를 입고 걸어서 산 넘고 물 건너 논둑 밭둑 시골길을 추위에 떨며 6km 정도 떨어진 큰집에 도착하여 제사를 지내고 어른들에게 세배올리고 떡국 한 그릇 먹고 이산 저산 산소를 다녀오면 뱃속에서 쪼르륵쪼르륵 소리가 들린다.

집에 와서 이불 속에 몸을 녹이고 동리에 상 놓은 집 찾아 문상하고 어른들께 세배드리고 동리 어른들 빠짐없이 찾아 세배드리고 날이 저물면 또래끼리 한집에 몰려 성냥 내기 화투치기에 수건돌리기 밤새는 줄 모르고 낮에는 제기차기 썰매타기 윷놀이 딱지치기 널뛰기 자치기 등 옹기종기 모여 이 집 저집 돌면서 먹고 놀아나며 정월 보름날까지 쥐불놀이 끝으로 즐기던 풍속은 이제는 먼 옛날 우리 어린 시절 고향의 추억이 되었네요.

한국인의 자긍심

나는 대한민국 사람으로 태어난 것을 항시 자랑스럽게 생각하고 사는 사람입니다. 6·25를 겪었고 월남전에 참전하면서도 한국인임을 자랑하며 살았습니다. 오늘날 모든 전쟁에서도 적국도 아끼며 보호하던 국보 1호가 불타고 대한민국의 척추인 산맥도 자르고 한국의 핏줄인 강들도 혈맥도 없애려고 하며 후손에게 자긍심을 없애는 우리말마저 무시하는 풍조는 정말 서글픕니다. 모든 국민이 나서서 바로 잡아야 할 큰 문제이며 모든 국민이 한국인이란 자긍심을 가지고 살았으면 합니다.

이 마음마저 아집인가?

아침 4시에 일어나 목욕 재개하고 6km 떨어진 보광사(普光寺) 법당에서 5시에 천수경 반야심경을 독송하니 오늘도 수행자로 건강함을 행복하게 생각하고 사생자부(四生慈父) 석가모니 부처님의 한량없는 가르침에 몸과 마음을 바쳐 기도드리니 너와 내가 없고 창살에 아침 햇빛 비치듯 나에게도 밝음이 찾아오도다. 그리도 가득하던 이 마음에 어찌하면 그리도 걸림이 없는, 이 마음의 공간에 남은 것은 오직 석가모니 부처님께 감사하여 부처님의 명호만 천만번 부른다.

부처님과 나는 무엇이 다른가. 부처님은 지금 없고 나는 지금 있다는 사실 그러나 나는 허상일 뿐 결국은 없는 것. 이렇게 생각하는 이 마음도 결국은 나의 고집이며 사람은 사람 소는 소일뿐인가? 하기는 오늘도 비가 오는데 빗물은 바다로 흐를 것이다.

매미의 울음(蟬蟲)

16년을 땅속에서 고행으로 수행을 하고 환골탈태하여 신선의 세상에 환생하여 이슬과 나무 진액만 먹고 짧은 생을 살다가 죽어가며 신선으로 변화한 매미는 미련한 인간에게 무엇을 깨우치기 위하여 동이 틀 무렵부터 해가 질 때까지 한없는 주문으로 목청 높여 염불하나.

미련한 인간들아, 들어봐라.

신선의 생활도 16년의 고행에 비하여 그리도 짧은 세월 억울하여 울부짖나. 윤회라는 것을 인간에게 알리려고 노래로써 말을 하나.

나를 봐라. 나를 봐라.

깨우친들 무엇 하며 나무 위로 올라가고 올라간들 윤회고를 벗어나지 못한다고 인간이 불쌍하고 안타까워 모든 욕심 버리고서 살다 가라 노래하나.

새벽에불 목탁 소리에 장단 맞춰 염불 소리 따라 하네.
나무석가모니불 나무석가모니불.

사후(死後) 문제

생각할 가치 없는 사후 문제
영혼(靈魂)의 유무(有無)라든지
극락(極樂)과 지옥(地獄)과
육도 윤회(六道 輪回) 등은
사후(死後)에 일들이다.
이 문제들은 정말 생각할 가치 없는 일들이다.

혹인은 단견(斷見)이라 말할지 모르나
모두 마음에 있고 없음이라.
우리 불자들은
관음보살 대자비와 보현보살 행원으로
현실에 충실하고
인즉시불(人卽是佛)이란 마음으로 살아가는 것이
불제자라 생각합니다.

종교란 무엇인가?

종교란 무엇인가?
왜 인간에게 필요한가?
지구 내에 모든 생명체나 무생명체는
거의 같은 조건에서 유지되며
태양이란 에너지원 하에 있는 것이다.

사람이란 생각의 동물이다.
세계를 보라 종교란 관념 때문에
인간의 선악 갈등을 빚어내고 있다.
사실상 약육강식의 생명체의 집단에서
집단 이기주의 산물이 종교란 미명 아래
많은 부작용을 산출하고 있다.

인간에 필요한 것은 종교가 아닌 삶의 방식인데
그 삶의 방식 중의 하나일 뿐이다.
종교는 더불어 잘 사는 사회를 만드는 것
인간에게 필요한 것이지
종교를 빙자한 갈등을 조작하는 것은
매우 잘못된 것이라 본다.

거짓말

이 세상 사람들은 누구나 거짓말을 한다.
그중에 가장 큰 거짓말 중 하나인
영혼(후생의 행복)이 있다는 선의(善意) 거짓말로
꼭 하여야 할 거짓말 중 하나라고 생각한다.
기독교에 예수그리스도나 이슬람에 마호메트,
유교에 공자나 힌두교의 아리아인 등 많은 성인이
사람들이 살아가는 데
없어서는 안 될 거짓말을 한 분들이다.

그러나 사후에 영혼이 있다고 생각하는 사람이 더 많다.
그러나 사후에 영혼이 있다고 누구도 증명할 수는 없다.
그리고 사후에 영혼이 없다고 단정할 수도 없다.
만약 정말 사후에 영혼이 없다면
인간의 삶에 꼭 필요하고 필수적인 거짓말을
예수나 공자나 마호메트, 아리아인 다른 성인들은
인간을 위하여 거짓말을 할 수밖에 없다고 본다.
만약 거짓말이라 할지라도
정말 사후에 영혼이 없어도 있다고 믿고 싶다.
그러나 참으로 죽은 자의 영혼은 없다.
영혼은 산자의 마음속과 잠재된 머릿속에 있을 뿐이다.
나의 이 생각이 틀리길 바란다.
세존께서는 사후에 영혼은 공(空)이라 하시었다.

나라는 것은

나라는 것은 태초에 우주의 생성과정에서 우주의 하나인 지구가 진화되면서부터 진화하는 과정에서 생겨난 원소들의 집합체가 진화되어 형성된 동물체이므로 지금 이 시각에도 항시 변화되어 간다. 그리고 죽어서 화장하거나 매장한다고 하더라도 원소들은 각각 분리되어 나갈 뿐이지 아주 소멸하지는 않는다. 이러함에 육체로 형성된 나의 몸은 태초에서부터 지구가 멸망할 때까지(원소가 소멸할 때까지) 근본적으로 엄밀하게 생각하면 나는 있다고 보아야 하지 않을까?

아니면 인간의 형체일 때만 즉 난자와 정자의 결합 시기인 배아세포 일때도 나의 육체로 보아야 하는가에 많은 차이가 있다. 그러나 통합하여 본다면 배아세포도 원소들의 결합과 분열에서 형성되는 것이라고 볼 때 우리 인간의 형체는 항시 진화하는 원소들의 집합체이다. 결론은 나라는 육체는 원소들의 결합체이며 항시 변해가는 진행형인 원소들일 뿐이다.

지혜와 마음과 생각과 영혼은 어떤 것일까? 이는 모든 생명체에게는 다 있는 것이다. 식물을 포함한 동물들 그러나 생명이 다했을 때는 생각 지혜와 마음은 정말로 없어지는 것이다. 고로 영혼도 생명체에서 있는 것이지 생명이 다한 경우에는 생각과 지혜와 마음도 영혼도 없다고 해야 할 것이다. 그러므로 나라고 할 것은 살아있을 때 영혼도 지혜도 생각도 있는 헌 생명체일 때만 나라고 말할 수 있는 것이다.

돌아가신 아버지를 찾아

아래를 내려다보니 안방에 나는 곤히 잠들어 있고 옆에는 이불을 걷어차고 누운 아내와 아이들이 잠들어 있다. 내 생각이 어찌 내가 저기 누웠지, 하며 이상하다고 생각하며 그리고는 산 너머 어느 곳 서울 같은 도시에 큰절을 찾아가 아버지를 만나 뵙기 위하여 길을 떠나는데.

논둑길을 지나 산모퉁이 냇가에 삼거리가 있는 데서 길을 물어서 가려고 조그만 농가에 들리니 오리 닭들을 마당에 풀어놓고 키우는데 주인장을 찾아 길을 물으니 그 노인 할아버지가 나와서 아랫길은 강 따라가면 저수지로 가는 길이고 위에 길은 동쪽이라며 산 넘어 절 쪽이라고 하며 그곳으로 가면 제일 높은 곳에 너의 아버지가 계신다고 하며 가보란다.

아랫길은 너의 형이 잘 다니는 길이라고 손으로 가리키어 안내하여 주어 고맙다고 몇 번이고 인사를 하고 동쪽을 보니 산너머에서 밝은 불빛이 보인다. 산 쪽으로 가는데 매우 길이 험하고 깊은 산골짜긴지라 이마와 등에 땀이 많이 나고 힘들게 한참을 가다가 쉬어 갈 곳을 찾아 오르다가 보니 저만치 아프리카에 원주민 집 같은 집이 길옆에 3채가 삼각형으로 있는데 그 가운데로 길이 나 있어 반드시 거쳐 가야 할 곳이다.

처음 집에 들르니 집안에는 시골 버스정류장처럼 되어있고 안에는 노파가 누더기를 간신히 걸치고 나무로 만든 편목상을 앞에 두고 있는 돈과 옷 등을 보시하여야 이곳을 통과할 수 있다며 호통을 친다. 사정사정하며 보시도 하고 있는 것 다 주고 간신히 도망하듯 다음 집으로 건너가니 이곳은 옛날 시골 주막집과 같은데 60세 정도 먹은 아주머니가 베 등걸을 입고 나와 하는 말이 이 산을 넘자면 다음에는 주막이 없다며 요기하고 가란다. 막걸리를 달라고 하니 주는걸 보니 붉은 팥죽 물 비슷하고 먹어보니 비린내 나서 도저히 못 마시고 내려놓으니 이곳에서 최고의 술이라며 특별히 대접한다고 한다. 약이니라 하고 마시라며 앞으로 갈 길에 대하여 자상히 설명하는데, 이산을 넘자면 안내자와 최소한 7인이 되어야 산길을 갈 수 있으며 다음 집에서 묵으며 7인이 되도록 기다려야 하며 산길에는 요괴가 득실거려 행인을 매우 괴롭히니 안내자에게 선심을 잘 써야지 그러지 않으면 산길을 가다 중간에 떼어놓고 오거나 산길을 헤매고 중간에 되돌아오는 수도 종종 있다고 하며 저 높은 곳은 아무나 함부로 갈 수 없단다. 길이 좁고 가는 길이 많아 안내자도 못 갈 때가 많이 있다고 하면서 이곳에서 충분히 먹고 가란다. 안에를 보니 부엌도 없고 불 때는 곳도 없어 매우 추워 보이고 방도 없어 앉아있을 곳도 없다.

자세히 설명을 듣고 요기도 하고 감사한 마음으로 고맙다고 인사를 하고 나와 다음 집으로 가는데 바위틈 사이로 꼬불꼬불 기어 나와 돌담길을 올라가니 방 두 개에 흙집에다

문도 없고 솔가지로 지붕을 하였는데 하늘이 듬성듬성 보이고 방에는 깐 것도 없이 흙에다 돌들이 툭툭 튀어나와 있다.

아무도 없는 빈집에서 이리저리 둘러보는데 우락부락한 사람이 몽둥이를 들고 뒤편 산에서 내려오며 하는 말이 너는 누구냐 라며 왜 남의 집에 있느냐고 물어 그동안 겪은 이야기를 상세히 하니 그 고약한 늙은이 아직도 살아서 남의 일에 간섭한다며 오리 닭 기르는 그 노인 보고 불만스럽게 말하며 첫째 집은 너의 어미였고 두 번째 집은 너의 마누라이었는데 알아보았느냐고 되묻는다. 깜짝 놀라서 아래 집들을 바라보니 집은 온데간데없고 가시덤불과 바위 벼랑뿐이다. 어찌 된 일이냐고 물으니 이곳은 한번 오면 가지는 못하는 곳이란다. 그럼 언제 산 위로 오르느냐 하니 사람들이 와야 오를 수 있다며 사람이 오기를 기다리라 한다.

점점 밤은 깊어지고 날씨는 추워지는데 춥고 겁이 나 집주인을 찾으니 없어 허둥지둥 찾아보는데 아랫길에서 연약한 서생이 죽을힘을 다하며 숨이 차 후유, 소리 지르며 올라온다. 반가워서 마중 나가 말을 걸어도 못 본 사람 같이 말소리도 못 듣고 나도 보지 못한 것 모양 그냥 지나쳐 집 뒤쪽으로 사라진다.

이상하다고 생각하고 집으로 들어와 드러누워 지붕의 빈 틈으로 하늘만 빠히 보인다. 대체 내가 왜 여기 있어야 하나 나도 지난 서생 모양 혼자 갈까 생각 중인데 집주인이 젊은 서생을 등에 업고 들어오면서 그곳으로 떨어지면 요괴로 변할 뻔하였다면서 방에 눕힌다. 내가 일어나 서생을 보니 전신이 만신창이가 되었고 손목은 골절이 된 것 같다. 나뭇가지를 잘라다 부목으로 사용해 옷가지를 찢어 팔을 동여매고 집주인보고 왜 이렇게 되었냐고 물으니 너도 올라가다 보면 알게 될 거란다. 그 후 며칠이 지난 듯 그 서생과 나는 7인이 차도록 기다리는 게 익숙하여진 듯한데 서생이 청각장애 언어장애임을 알았다.

하루는 집 뒤쪽을 돌아가 보니 나뭇가지에 청사(푸른 뱀)들이 있고 바위 절벽 옆에는 사람 들어갈 만한 어두운 굴 입구가 보인다. 추녀 밑에는 푸른 이끼가 있고 얼마나 세월이 지났는지는 몰라도 한참 지난 후 집 아래쪽에서 사람 소리가 들린다.

앞으로 큰 돌절구통을 안고 등에는 망태기를 지고 얼굴은 검붉고 팔뚝은 굵어 힘이 장사인 것 같다. 반가운 마음에 이리 오시오 하고 인사를 하니 우락부락한 눈으로 짜려 쳐다보며 돌절구통을 밀어 던지며 당신이 주인이요 한다. 아니요. 저 서생과 나는 대기인이요. 그럼 주인은 어디 있어요. 우리는 잘 모르오. 어떻게 이곳까지 왔소. 나는 본래 남양 사람인데 석공이라오. 지난번 절에 석탑을 보시하였는데 요번엔 돌절구통을 보시하고자 가지고 갑니다. 그럼 이 길을 가본 적이 있겠네요. 예 가본 적 있지요. 아무리 힘센 장사라도 3법이 맞아야 여기를 올라갈 수 있답니다.

그것이 무엇입니까? 예, 바른 지혜, 바른 마음, 바른 행동이지요. 이것이 3법입니다. 그게 다입니까? 아니요. 또 좋은 인연이 있어야 하지요. 그럼 우리 3명이라도 갈 수 있습니까? 안되지요. 우리는 길을 모릅니다. 이 집 주인이 와야 길을 갈 수 있습니다. 올라가는 길이 사람마다 다르고 팔만 사천 길이 수시로 변해서 우리는 못 갑니다.

그리고 시장하니 먹을 것 좀 있소? 그러고 보니 우리도 언제 먹었는지 모르오. 당신은 어데 살며 왜 여기 왔소? 예 나는 서산 사람인데 아버지께서 저 높은 곳에 계신다고 하시기에 찾아뵈려고 가는 길입니다. 무엇하다 오시었소? 예 저는 한약방을 하는 사람입니다. 여기서 얼마나 기다렸소? 세월 가는 것을 잘 모르나 수개월 아니면 1년은 지난 것 같습니다.

석공이 다시 물어보기를 주인은 언제 보았으며 몇 번이나 보았어요? 2번이요 처음 내가 왔을 때하고 이분 서생을 등에 업고 왔을 때 보았습니다. 어떻게 생겼든가요? 눈과 입은 크고 키는 9척이고 몽둥이를 들고 우락부락하게 생겼던데요. 석공이 한숨을 쉬며 언제 집 주인이 올지는 우리는 모르나 나도 집주인 만나 보아야 알겠지요.

그러고 나서 세 사람은 많은 이야기를 하였는데 아마도 지나간 삶에 대한 말들을 한 것으로 기억된다. 석공이 살아온 데 대한 말을 많이 하였다. 이 집에서는 시간과 공간의 개념은 없었다.

얼마나 지났는지 젊은 서생도 완쾌되었고 나와 석공과 서생 세 사람이 집 뒷산 쪽을 둘러보려고 하는데 뒷산은 절벽이고 앞은 구름으로 가리어 보이지 않아 어떻게 높은 곳으로 올라갈까 걱정하며 집으로 들어오는데 길 아래에서 시끄러운 사람 소리가 들려 석공과 나는 마중 나가서 사람들 오기를 기다리고 있는데 둘이서 이 길이 맞느니 틀린다느니 다투며 올라온다. 그들은 우리가 보이지 않는 모양이다. 여보시오, 불러도 대답 없이 지나간다.

저들은 어디 가는 사람이기에 지나간다오. 사람 4명이 더 와야 하는 우리로서는 허망하다. 집으로 들어와서 얼마의 시간이 지나간 후 밖에서 비명이 멀리서 작게 들려 우리는 무서워서 어찌할 줄 모르는데 석공이 밖으로 나가서 들어오지도 않으며 비명도 조용하고 한동안 적막이 흐르고 서생이 어느 낌새를 아는지 벌떡 일어나 밖으로 나간다.

나도 서생 따라 나서니 서생은 집 뒤 절벽 아래 길로 빠른 걸음으로 한참을 가니 석공이 절벽 밑을 바라보고 절벽 밑은 두 사람이 올라오려고 무척 힘을 쓰고 조금씩 올라오는 중인데 지난번에 지나간 사람들이었다. 지금도 그들은 우리를 보지 못하고 알 수 없는 모양이다. 끌어 올릴 수 없어 우리는 할 수 없이 3명이 말없이 집으로 되돌아와 앉아서 어떻게 할까를 생각하는데 석공 하는 말이 어떻게 하든 구하여야 7인이 되어 안내자를 만날 수 있다고 말하며 줄이나 장대를 구하여 보란다. 장대를 구하여 벼랑 있는 곳으로 3인이 가서 서생이 장대를 가지고 벼랑 밑으로 내려가고 내가 서생을 잡고 석공이 나를 잡고 두 사람을 벼랑 위로 끌어 올려 나와 석공이 한 사람씩 업고 집으로 돌아와 보니 두 사람은 중상이었다. 중상인 사람을 치료하여 말 할 수 있을 때 일인은 복덕방 하는 이고 한 사람은 상인인데 오는 중간에 만나서 알게 된 사이라고 말하여 우리는 5인이 되어서 상인과 복덕방 하는 이들의 그동안 살아오며 돈 번 이야기를 매일 여러 번 재미있게 들을 수 있었다.

그중에 복덕방 하는 이의 돈을 번 이야기 중에는 땅을 싸게 사서 비싸게 팔아 돈 번 자랑을 날마다 하고 상인은 밭떼기로 채소를 사서 손해 본 이야기와 돈 남은 이야기가 대화의 전부인 것이다. 한번은 돈 벌어서 지금 얼마나 가지고 왔느냐고 물으니 두 사람 다 지금은 한 푼도 없단다. 매번 한 이야기 또 하고 또 하고 얼마간 이어져 서로 친하게 되었는데 이 집에서는 밤낮도 시간도 공간도 식사하는 것도 없는지 기억이 없다.

서생과는 이제는 손발로 의사 표현하는 것을 알만하여 그는 일생을 장애인들을 도우며 산 것으로 이해하고, 석공은 매우 착하게 오직 일로서 가족을 돌보며 착실한 불교도라 돌 절구통을 가지고 왔다고 믿었다.

그리고 또 기다림이 계속되는 어느 때 조용하던 산이 조금은 시끄럽다고 느끼는데 귀 밝은 상인이 누가 온다고 밖으로 나간다. 우리도 따라나서며 어디서 누가 오나 두리번거려도 별 기척이 없어 한참을 서 있는데 상인이 저기 누가 온다고 손을 가리킨다. 한사람이 오는데 건장해 보이는 50~60세 정도 보이는 남자가 빠른 걸음으로 우리 있는 곳으로 올라와 산 넘어가는 길을 물어 석공이 대답하기를 우선 이곳에 쉬어 가란다.

객이 집으로 들어오니 우리가 모여 있게 된 이야기를 하고 길손께서 6번째 손이니 함께 기다렸다 동행하자고 말해도 이해를 못 하는 모양이다. 많은 이야기를 나눈 뒤에야 길손이 어부라고 말하고 요사이는 바다에 고기가 없어 어업으로 생활하기 힘들다고 한다. 그러면 어딜 가는데 이곳까지 오게 되었냐고 물으니 어부가 말하기를 자기도 잘 모르나 집에 가는 길을 몰라서 저 산 넘어가야 집이라기에 집을 찾아가는 것이란다.

6인이 서로들 그간 살아온 이야기를 많이도 하여서 서로를 잘 알게 되었는데 어부는 살면서 만선일 때의 기쁨을 말하고 아들을 대학에 보낸 그것이 자랑이다.
정말로 그동안 살아온 것이 힘겨웠던 모양이다. 여기 모인 6인은 모두 길 잃은 객들로 어디로 가야 하는지 정확히 자기 목적지를 잘 모른다. 나도 막연히 산 높은 곳에 아버지가 게신다고 하여 찾아 뵙고 큰질에 가봐야 한다는 것 말고는 별 볼일이 없다.

한참을 둘러보아도 서생과 석공이 보이지 않아 밖으로 나와 찾으려고 돌아다니는데 직업은 못 속인다고 옥돌을 들고 오면서 옥향로를 만들어야 한다. 서생은 석공과 단짝이 되어 의사소통이 원만하다. 석공은 옥돌을 갈고 서생도 석공 하라는 대로 일을 하며 지내는데 밖에서 어부가 매우 반가운 소리로 사람 온다. 7인째 동행인이 오는 모양 6인이 모두 나와 환영하듯 반기는데 이 손님 어안이 벙벙하여 말도 못하고 우두커니 서 있다.

약삭빠른 복덕방이 나서며 이것저것 물으며 무엇하던 사람이냐고 하니 공직생활 하였단다. 이제는 7인이 되었으니 안내자를 기다리며 많은 말들을 나누고 또 석공이 우리가 여기에 있는 이유를 설명하고 안내자가 오면 높은 곳으로 올라가야 한다.

언제나 안내자가 오려나 조바심하며 기다리는데 구름과 안개가 앞이 안 보이도록 짙게 끼인다. 밖에서 무엇을 퉁퉁 치는 소리가 나며 누가 남의 집에 있느냐며 몽둥이로 마당을 친다. 집주인이다. 서생과 나만 빼고 나머지 사람들은 모두 나오란다. 신상 조회를 하는 모양이다. 석공이 먼저 들어오고 얼마의 시간이 지났는지 복덕방, 상인, 어부, 공무원 이들이 왜 안 들어오는지 매우 궁금하고 안내자도 보이지 않으니 조바심이 난다.

석공, 나, 서생 3인은 나머지 4인의 걱정을 하게 되었다. 석공이 하는 말이 저들의 가는 길과 우리 가는 길이 다를 거란다. 그때 집주인이 들어오면서 저 사람들은 다른 길로 가게 되어 다음에 만날 거란다. 당신들은 지름길로 갈 테니 나갈 준비를 하되 석공보고 돌절구와 향로는 두고 가면 자기가 기회가 되면 전한다고 하며 갈 길을 재촉하며 집 뒤로 빨리 오라며 가는데 지난번에 집 뒤에서 보았던 청사(푸른 뱀)와 굴 입구가 있는 곳이다.

집주인(안내자)이 몽둥이로 굴 입구를 가리키며 서생보고 먼저 들어가란다. 다음에 석공 다음에 나 그 뒤 안내자 순으로 굴로 들어가는데 굴 입구가 너무 좁아 낮은 포복으로 기어 한참을 가니 굴이 넓어지기 시작하는데 어두워야 할 굴 안이 전깃불 켜있는 것같이 밝다.

오색이 영롱한 석류굴이다. 층층다리를 지나 폭포수 밑을 가는데 안내자가 폭포수 따라 올라가란다. 힘겹게 석공은 밑에서 바치고 다음에 내가 석공 어깨에 서고 서생이 나의 어깨에 서서 폭포 위로 올리고 잡아주고 둘이 석공을 끌어 올려 폭포수 위로 올라가니 이곳은 지하의 강이다. 깊이를 몰라 두리번거리는데 안내자가 따라오라고 불러 좁은 협곡으로 들어가 절벽에 줄사다리가 매어 있는데 그곳을 올라가라 하여 서생, 나, 석공 순으로 줄사다리를 올라가니 굴 밖의 산 중턱 암벽 사이다. 밑은 낭떠러지고 옆에는 옆 골로 사람 하나 지나 갈만한 나무다리가 있는데 매우 위험하다. 옆에 암벽을 안고 반발 떨면서 협곡로 들어서니 숲속의 아주 좁은 소로가 있어 3인이 쉬어가자고 하여서 밑을 내려다보니 집

벽 저 밑에 까마득한 곳에 우리와 함께하던 4인이 산에 올라 오는 모양이다.

안내자 말이 저 4인은 가는 곳이 다르다고 한다. 쉬었다 우리는 다시 소로를 따라 한참을 가는데 앞이 밝아 온다. 툭 트인 공간에 저쪽 산비탈로 이어진 우마차가 지나갈 만한 다리가 놓여 있는데 건너편에는 많은 사람이 오가는 큰길인 모양이다. 저 다리가 저승 가는 다리인가 우리 장모님은 다리 건너다 강으로 떨어져 깨어나 살았다고 하시었는데 생각하며 뒤를 돌아보니 안내자가 나보고 먼저 건너가라고 손짓하여 부담 없이 먼저 건너서 가는데 앞에는 우마차 위에 노인이 타고 건너고 뒤에는 남녀노소 일행들이 따라오고 되돌아가는 군중들도 있었는데 아무도 말하는 자는 없어 석공과 서생, 안내자를 이리저리 두리번거리며 찾아도 만날 길 없어 정황 중에 가는 길만 무한정 따라가니 길가에 꽃도 있고 나비도 정자도 있고 농사철인 다랑이 밭도 있어 고향 산길 고향 집 가는 것 같다.

얼마를 가니 고목나무 밑에 웅성웅성 몇 사람이 서로 말을 묻는데 나보고 어딜 가느냐고 물어 산 위 높은 곳에 아버지가 계시어 찾아뵈러 간다고 하니 좌측 사잇길로 가다 큰문 있는 곳을 지나 등성이를 넘어가라고 하여 좌측 사잇길로 가는데 도로에는 풀이 무성하고 몇 년째 아무도 지나간 흔적이 없다. 산등성이를 향하여 혼자 한참을 올라가니 곧 쓰러지게 된 일주문에 이상한 문자로 쓴 현판이 걸려있고 문안에는 돌

계단으로 된 올라가는 이끼 낀 길이 보인다.

마음이 섬뜩하여 문안에 들어서기가 조심스러워 망설이다 일주문에 들어서 돌계단을 오르는데 몇 계단인지 다 오른다 싶더니 온몸이 솟구쳐 하늘로 올라 구름을 타고 가는가. 문득 눈앞에 광경이 큰 3층 건물이 즐비하게 늘어서 있는 도로 앞이다.

두리번두리번 어디로 갈까 망설이는데 한 남루하게 차려입은 스님이 급히 한 집으로 들어가 나도 따라 들어가려는데 상의는 벗고 가슴에 털이 많이 난 사람이 앞을 막고 나를 번쩍 들어 밖으로 던져 땅에 떼구루루 굴러떨어져 다시 일어나 또 들어가니 어떤 일로 들어가려 하느냐고 호통을 친다.

사정사정하여 아버지 찾아가는 길이라 하며 옆으로 도망가듯 들어가니, 아아악 놀라서 죽을 뻔하며 관세음보살 관세음—신묘장구대다라니 등 외칠 수밖에 없는 광경이 눈앞에서 일어나고 정말로 무서워 걸음을 걸을 수 없어 몸이 굳어 어찌할 수 없는 광경은 말과 글로써 표현하기 정말 민망하나 이곳에 본 대로 느낀 대로 쓰려고 마음먹었기에 흉함을 본대로 옮기고자 하니 넓은 아량으로 이해하시기를 바랍니다.

한 사람을 둘이 잡아 팔다리를 찢어 가축 다루듯 하고 또 한편은 큰 상자에 칸칸을 내어 사람을 옷 입은 채 단무지 담듯 하는데 사람들이 마시는데 그중에는 스님 복장한 사람도 많이 보이고 다른 곳은 사람을 산채로 대장간에 쇳물 끓이듯 하고 굴비 엮듯 엮어 우물에 담그기도 하고 머리만 엮어 말리기도 하고, 음부만 꼬챙이로 꿰어 널어두기도 하며 이런 작업하는 사람이 셀 수 없이 많은데 아무도 자기 일만 하지 말하거나 돌아다보는 사람은 없고 사람 단무지 담은 물을 벌컥벌컥 마시는 자도 있고 어찌 다 이 흉악함을 글로 표현할 수 있으리오. 정말 지옥이 있다 하더니 이곳인가 나무 관세음보살. 저 불쌍한 이들을 구하여 주십시오. 무한정 소리치고 다라니경을 외우며 윗 문 있는 곳으로 달아나듯 가보니 문은 캄캄한 좁은 계단이라 혼자서 지나갈 만한 곳이다.

올라가 보니 정말 환히 트인 공원 같은데 한강 공원 같은 곳에 악기 들고 연주하는 이, 즐거움에 흥취 나서 춤을 추는 남녀, 줄 서서 행진하는 행렬, 승복 차림의 줄 서 앉아 설법 듣는 이들, 형형색색 꽃들 나비 나무들, 거문고를 연주하며 춤추는 이, 이 세상 즐거움을 모두 모여 있는데 어안이 벙벙하여 가는 곳을 잠시 잊었다.

지나는 한 도포 입은 분 보고 아버지 계신 곳을 물으니 그곳은 무상계를 득도하신 분들이 있는 곳이라 하며 상층을 가리키며 좀 있다 줄 서 앉아있는 승려들을 따라가면 갈 수 있다고 하며 후딱 지난다.

잠시 이리 두리번 저리 두리번 온갖 구경하는데 구석에 두 노인이 장기 놀이하고 있다. 승려들 뒤에 가서 앉아있으니 큰스님이 수많은 경문을 말하는데 지금 생각나는 말은 이 세상 모든 것은 더럽고 깨끗하고가 없다 하고 낳고 죽음도 없어 다만 항시 무상할 뿐이며 모든 것이 마음에 달려있다고 하는 말만 기억나고 다른 스님들 가는 뒤 줄렁줄렁 따라가다 보니 어느 높은 절 같은 곳에 스님들과 제사 지낼 때 입는 제복한 사람, 두루마기 같은 도복 입은 사람들이 뒤섞여 앉아서 참선하는 것 같이 말이 없다. 나도 따라 들어가려 하니 누가 뒤에서 낚아채며 어디 들어가 이놈이! 혼을 내며 붙잡아 내가 하는 말이 아버지가 누구이며 그동안 어떻게 살고 지나온 이야기를 상세히 하고 나서 이곳에 있다 하여 찾아뵈옵고자 한다고 하니 더욱더 호통이며 그분은 오늘은 안 계시니 이다음에 오라고 하며 나를 번쩍 들어 뜰 밑으로 던지니 내가 통증이 심하여 아아 소리쳐도 듣는 이 없어 매우 몸부림치는데 누가 나의 얼굴을 툭툭 치며 정신 차리라고 한다.

사람들이 수군수군 둘러서 있는데 꿈인지 생시인지 희미할 뿐이다. 얼마 후 깨보니 서울 휘경동 위생병원이었다. 교통사고로 장시간 수술 후 회복실에서 병실로 옮긴 뒤였다. 1989년 11월 말로 기억하는데 하도 오래되어 자세한 것은 많이 빠져 있으며 문구나 맞춤법, 모든 것이 부족하고 줄이고 간단하게 적어본 것이오. 물론 소설가나 국문학자 문필가라면 몇 권의 책으로 써도 부족할 내용이 있습니다만 저의 소질로는 이렇게나마 나의 경험을 말씀드립니다.

나의 미래는?

저승세계에서 행복을 위한 바람인 극락세계는 정말 있다고 보는가? 오랜 인류의 역사와 수많은 인간과 세계 각 민족이 저승세계의 영혼을 위하여 노력하였으며 또 많은 불제자들과 스님들이 저승세계가 있다는 가정하에 불교를 숭상하고 부처님의 말씀을 따라왔다.

그럼 나는 인생의 마지막 열차에서 내릴 때는 어떨 것인가를 생각하여 볼 만하다. 그러면 영혼(靈魂)이 유무(有無)에 관해서는 알 필요도 없고 불법의 팔만 사천 법문 중 한 부분은 나를 위한 한 방편문이였음을 깨우칠 것이다. 그러면 나의 인생의 미래는 생각과 생활과 행동이 정말로 변화가 찾아온다. 나의 미래를 한번 생각해 보시길. 여러 대중님의 매일매일 좋은 날이 되소서.

다 벗어 두고

모든 만물은 항시 무상하다 하여 항시 변하고 사람도 항시 변하며 살아가는 것이 곧 진리이고 특히 사람의 마음은 찰나지변이며 울다 웃는 것이 사람의 마음입니다.

네가 옳으니 내가 옳으니 서로 따지는 것을 보면 참 부러울 때도 있습니다. 그래서 인터넷에 들어가 보면 재미나게 읽을 때도 있습니다.

사람은 언젠가는 모든 것 다 벗어 두고 온 데로 가는 것을 볼 때 우리도 앞에 간 그들 모양 그들 따라갈 때가 오겠지만 그럴수록 힘찬 삶을 찾아 살아야 하며, 얼마 남았는데가 아니라 아직도 얼마나 남았는데라는 생각으로 용기내어 살면 늙음이 아니라 청춘이 다시 오고, 모든 일에 긍정적으로 생각하여 희망을 품으면 정말로 젊어진다는 것을 알아야 합니다. 이 세상 누구도 모든 것 다 벗어 두고 갈 때는 가더라도 오늘도 아침은 다시 밝아 온다는 사실, 무엇이고 배워서 알면 아는 것이 힘이 됩니다.

말하는 내소사의 느티나무

1996년 5월 어느 날, 우리 부부는 서해안과 남해안을 돌아보기 위하여 서산에서 떠나 군산에서 점심을 먹고 변산반도에 도착하니 바람과 함께 비가 오기 시작하여 내소사 앞에서 우산을 사서 내소사를 방문하여 대웅전에서 부처님께 참배하고 나오는데 스님은 객이 오면 오고 가면 가는 가보다 못 본 척하는데 절 앞 고목인 느티나무가 있어 연혁을 읽어보는데 네 이놈! 하는 소리가 들려 우산을 놓고 하늘을 바라보니 나뭇가지가 상한 곳이 있었고 우르릉 천둥소리만 들려 다시 연혁을 읽으니 다시 하루살이 같은 놈! 하며 천둥이 쾅쾅 콰르릉 울린다.

깜짝 놀라 바닥 돌에 철석 주저앉아 정신을 잠깐 다시 차리며 나무 주제에 사람에게 큰소리치긴 하니 느티나무가 내 나이 일천오백 년인데 하며 이 하루살이 같은 인간아 내 발 밑으로 영웅호걸이라며 지나간 이가 얼마인가 내가 볼 때 너의 인간과 하루살이가 다를 바 없다 하는 것이다. 한참 의식을 몽롱이 있다가 다시 묻기를 부처님도 인간인데 감히 나무가 어찌 그런 소리를 하느냐 하니 너나 부처가 무엇이 다르냐. 네가 볼 적에 여왕개미나 일개미가 어떻게 달라 보이든 하며 되묻는다.

그 소리를 듣고 정신을 차려보니 우산은 저만치 날려가 있고 옷은 다 젖어 있고 마누라는 보이질 않고 머리는 벼락 맞은 것 같아 멍멍하다.

황급히 내려오며 느티나무의 천오백 년의 살아온 역사를 생각하며 나라는 존재가 하루살이와 다를 바 없다는 것을 절실히 느끼고 모든 것이 공(空)이며 부질없는 것으로 생각하며 지금도 참선할 때는 그 느티나무를 선생님같이 생각할 때가 많습니다. 내소사의 느티나무를 찾아가면 지금도 말을 합니다.

"인간은 영장류에 속한 사람일 뿐이다."

코끼리

이 세상 동물 중에 가장 힘이 센 코끼리는 초식동물이다. 초식동물은 육식동물보다 수명도 길고 질병도 적다. 사람을 포함한 동물들은 육식하게 되면 수명을 단축하고 질병으로 인한 고통을 감수하여야 한다.

지구상에는 에너지 불변의 법칙에 따라 모든 에너지는 생성하게 되면 이리저리 이동할 뿐이지 소멸하지는 않는다. 모든 사람이 육식을 많이 하면 할수록 수명의 단축과 질병으로 고통을 감수하고 기억력 감퇴도 수반 된다. 이는 인과응보로 인한 인연이다. 머리 좋고 공부 잘하고 힘 세지고 건강하게 오래 살려면 코끼리처럼 사람도 초식 위주로 식생활을 개선하면 질병으로부터 멀어질 수 있다.

한약 중에는 육류의 약재보다는 초재의 약재가 월등히 많다. 이 글을 읽으시는 분들에게 권고하고 싶은 말은 초식으로 고루 편중됨 없이 먹게 되면 더 건강하고 오래 살 것이다. 고혈압, 심장병, 관절통, 혈액병, 당뇨병, 중풍 등 성인병은 초식으로 개선하게 되면 질병 퇴치에 매우 효과적이다. 건전한 정신 올바른 식생활은 천금보다 중요하다.

생각과 표현

  사람들 중에는 자기 마음과 생각을 말로 혹은 글로 아니면 행동으로 표현하여 타인에게 전달을 잘하는 사람이 있고 마음과 생각을 전달하는데 연습이 안 되어 표현을 잘 못하는 사람이 있다. 그러나 말로 표현하는 과정에는 억양과 행동이 함께함으로 마음이 잘 전달될 수 있으나 말이 많으면 전달 과정에서 잘못 전달될 경우가 매우 많다. 글로써 표현함은 마음의 전달에 미흡하나 오해할 여지는 적다.

  사람은 마음이 여리고 약한 사람, 무디고 강한 사람 등 천태만상이다. 슬픈 영화를 보고 같이 우는가 하면 웃기는 연극을 보고 함께 웃는 사람들, 감정이 무딘 사람들이 있다. 이 중에 자기 일이 아니면 무관심으로 일관하는 자들도 있다.

  그러나 이 세상은 모든 만물이나 모든 환경도 나로서 비롯되어서 우주공간에는 만물이 나 아님이 없으니, 타인이 있어야 내가 있고 물 나무 태양 공기 모든 것이 있어야 내가 있듯 모든 세상 것이 나와 연관되지 않음이 없거늘, 하물며 동물도 애도할 줄 알고 기쁨을 나누는데 사람으로 태어나서 그중 불자들로서 남의 슬픔을 알고도 애도할 줄 모르고 표현 하나 못하고 무관심으로 방관함은 정말 불자의 도리가 아니지요.

사랑하는 당신에게

나와 만나 산 지도 벌써 42년이 지나는구려.
그 오랜 세월 동안 변변치 못한 집으로 시집와서
마음고생 몸 고생 수없이 많이 한 당신에게 사죄하고
진심으로 감사하며 오늘이 벌써 당신의 태어난 지
양력으로 진갑 날이랍니다.
나는 그동안 잘못한 점 모두 용서를 바라며
남은 삶 못다 한 사랑을 당신을 위하여
더욱 사랑하고 행복하게 살고자
최선을 다하고자 노력할 것입니다.
오늘 당신의 진갑을 축하하며
사랑하는 당신의 건강과 행복하길 빕니다.

나의 마음을 바꾸길

세상이 나를 버린 것이 아니고
내가 세상과 환경에 적응하며 살아가는 것이
남은 여생에 외롭지 않고 즐거운 삶이 이어질 것이요.

사람은 마음의 담을 쌓는데
타인이 벽을 만들어 주는 것은 아니고
자기 홀로 벽을 만들고 담을 쌓으며 남을 원망한다.

모두가 내 탓인 것을 왜 모르는가?
추우면 옷 입고 더우면 옷 벗듯
세계 어디를 가나 그 삶의 환경에 맞추어 살아가려고
노력하여야 하는 깃이 우리가 할 일이다.
이런 말을 할 줄을 아는데 행동하긴 어려운 일이나
노력하고 힘써야 할 것입니다.

죽음이란 정말 있는가?

많은 생각을 하면서도 영생 혹은 신의 유무를 고민한 적도 있는데 사람이나 모든 생물체는 죽음이 없다고도 본다. 보통 사람들은 사람이 한번 죽으면 끝이다라고 보는 점이 대부분이다. 그러나 불교에서는 윤회설로 표현한다. 많이 고민하여 결론을 내릴 때 무엇인가 느낄 것이다.

나는 15~6년 전부터 잠든 세상과 깨어 있는 세상을 이중 생활을 한다. 깨어 있는 세상은 보통 사람과 하나도 다를 바가 없다. 그러나 잠든 세상은 즉 꿈이라 하지만 거의 매일 밤에 죽은 사람들과 살아간다. 그 죽은 사람들의 말과 행동은 시간과 공간을 초월한 말과 행동이다. 많은 부탁도 들었지만 한 번도 행동으로 옮겨본 적은 없다.

단 이상한 것은 기억나는 한 그들과 대화한 점에서 부탁이나 지난 일들은 사실에 가까운 점 어느 때는 소름 끼칠 정도로 동일하다는 점이다. 그리고 예감이라 하지만 다른 사람의 앞날을 훤히 영화 모양 보여줄 때도 있다는 점이다.

그리 볼 때 죽은 자의 영혼이 있다고 봐야 하지만 그것은 나의 머릿속에 잠재된 허망 된 일뿐이라 생각하고 내 생각은 산 사람의 아리아식 속에 있는 것이지 죽은 자의 영혼은 없다고 본다.

보람 있는 삶

인생을 가장 보람있게 사는 법은 석가모니 부처님의 가르침에 따라 살아가는 방법이 제일 현명하다.

성불한다 혹 깨달았다 하는 것은 우리의 삶을 어떻게 살아야 한다는 것을 알았다는 것과도 상통하는 뜻이고 이 묘한 진리를 알면 팔만 사천 법문을 통달하여 삼체(三諦)를 터득했다는 것이며, 혼(魂)의 유무(有無)는 사람이 살면서 알아볼 가치가 없으며 후생(後生)의 유무(有無)도 살아있는 한 마음에 둘 필요 없는 것이다.

오직 참신한 불제자라면 마음과 행동으로 현실에서 부처님의 가르침에 따라 사는 것이며, 모든 만물은 이 세상에서 자기 할 일이 따로 있으며 서로가 결국은 하나 되는 것이다.

진정 인간은 공수래공수거(空手來空手去)임을 알고 모든 욕심을 버려 무소유(無所有) 정신으로 살아가면 마음이 편하다.

어느 스님과의 대화(對話)

　1998년 8월 5일 오후 13시 30분경, 유명한 사찰에 땀을 많이 흘리며 숨이 차는데도 어렵게 올라가는데, 한 스님이 미륵불 앞에서 온몸이 땀으로 다 젖도록 미륵부처님께 참배를 올리고 있는데 보아하니 매우 어려워 보였다.

　올라가는 객이 스님을 바라보다가 스님께로 다가가 스님의 등에 부채질을 한 30분쯤 할 때 스님이 하는 말이 더운데 그만하시오 하니 객이 대답하기를 그럼 스님도 그만하시오 하니 스님이 말하기를 나는 천배를 하려 마음먹었는데 아직 남았소이다 말하니 객이 대답하기를 나도 스님이 참배 올릴 때까지 부채질할 마음이요 라고 말하니 스님이 한참 참배하다 멈추고는 땀을 닦으며 자리를 물러나 그늘로 가서 앉은 다음 아이고 덥구먼요. 객이 말하기를 천배 올리셨습니까? 물으니, 예 하고 대답하니 객이 대답하되 스님이 올린 참배는 제 것이니 스님 몫은 다시 천배를 하십시오 하고 권고를 하니 스님이 어이없어하며 객을 물끄러미 바라보면서 말없이 일어서 가려 하는데 객이 스님을 붙잡고 말하기를 땀이나 식거든 다시 하십시오 하며 찬물을 권하오며 객이 하는 말이 스님은 도독이요 라고 말하며 웃는다. 스님이 객의 얼굴을 보며 대답하기를 나는 도독이 못돼요 혹시 큰스님들은 몰라도. 객이 대답 왈 아니요 스님이 나의 마음을 뺏었으니까요 한다. 나는 그런 적 없소이다 객이 그럼 사기꾼이요. 대답 왈 소승은 아직 배우는 학승일 뿐이요 하며 자리를 일어선다.

거지 대장의 삶

어려서 우리 동리에는 6·25 때 피난 온 분들이 군청에서 집을 지어 주어 공동묘지 근처에 집단 이주하여 살았습니다.

이 중에 초등학교를 함께 다닌 친구들도 많습니다. 이분들이 이사 오고 3~4년 뒤에, 난민으로 큰 도로 옆에 움막을 짓고 살다 담집으로 다시 지어 살던 이형윤 씨가 살던 집이 있었습니다. 그때 기억으로는 이형윤 씨 부친이 땅꾼이고 거지 대장으로 유명하며 동경 유학 다녀온 분이라 하였습니다. 그 부인 또한 재능이 있어 국악을 잘하였고 아들 이형윤 씨는 동리의 궂은일은 다 하였고 집안에 대소사가 있으면 온 식구가 다 와서 일을 돌봐주며 살았는데, 평생을 거지들이 이 집을 찾아다니고 거지 왕초 노릇을 하며 살았는데 지금 생각하여보니 이분의 도움으로 생활 터전을 잡아 주어 질사는 사람이 수없이 많았습니다. 본인은 자식도 못 가르치고 가난하게 살다 돌아가셨지만, 이분의 삶이 보살의 행원이라 생각합니다. 이분 덕분에 지금은 잘사는 분들의 회고담은 그 하나하나가 눈물이요 소설이 아닐 수 없습니다. 6·25 직후 보릿고개 시절에 난민들의 삶을 그 시절 산 분들은 이해하실 줄 압니다. 나의 삶을 버리고 타인의 행복을 위하여 생을 마감할 수 있는 것을 행동으로 보여준 분에게 지금이나마 명복을 빌어드립니다. 관세음보살.

화작(化作)

　화작(化作)에 입전수수(入廛垂手) 하다가 싫증이 나서 나의 마음의 부처나 혼쭐낼까 하니 마음의 부처가 겁이 나서 줄행랑을 치고 나니 비어있는 내 마음이 돌 된 아기같이 빈 마음 되고 나니 하하하 원효의 생사고(生死苦)와 남악회양 벽돌을 갈은 뜻이 웃음일 뿐 돈오돈수 모두 헛소리 숨 한번 쉬는 것이 행복합니다.

수년간 찾아봐도

어느 때는 제생(諸生)이 인즉시불(人卽是佛)이고 어느 때는 심즉시불(心卽是佛)이고 어느 때는 범소유상(凡所有相) 개시허망(皆是虛妄) 약견제상(若見諸相) 비상(非相) 즉견여래(卽見如來) 응작여시관(應作如是觀)이라 알고 시제법공상(是諸法空相)이기도 하니 알고 보면 이 모두가 일체유심조(一切唯心造)라 하나 상기 모두가 개뿔나발일러라. 개뿔나발을 알면 거북이 털붓으로 사경을 할 것이오.

화병

어제는 이미 지나간 일이고 내일은 아직 오지 않은 날이지요. 어제의 불행과 고통은 이미 지나갔으며, 지난 고통과 아픔은 지났으니 되새길 필요 없고, 내일의 오지 않은 고통은 생각할 필요 없으며, 오늘을 살면서 오늘이 행복하게 살면 이것이 극락이요 행복입니다.

어제의 불행과 고통은 참회와 용서만이 나의 기억에서 지울 수 있으며, 과거에서 벗어나 현실인 오늘이 행복하자면 나와 타인의 생각이 다르다는 그것을 인정하고, 분함과 나의 바람(욕심)을 버리면 조금씩 나아질 것입니다. 행동의 습관을 고치고 참회하는 것 또한 연습입니다.

살아가는 방법

묵언(默言) 그래도 진실은 전한다.
자연의 이치 속에 지금의 나는 존재한다.
석가모니 부처님을 묻고 불경을 덮어라.
그리고 부처님은 우리에게 무엇을 전하려 했는가.
그리고 부처님의 말씀 따라 살도록 노력해야 한다.

오늘 행복한가요?

인쇄일 | 2023년 2월 10일
발행일 | 2023년 2월 20일

지은이 | 성기봉

발행인 | 이문희
발행처 | 도서출판 곰단지
편집·디자인 | 성수연·김슬기
주소 | 경남 진주시 동부로 169번길 12 윙스타워 A동 1007호
전화 | 070-7677-1622
팩스 | 070-7610-7107

ISBN | 979-11-89773-61-8   03190